绿典之路

各国环境法典译丛

哥伦比亚可再生自然资源和环境保护法典

Código Nacional de Recursos Naturales Renovables y de Protección al Medio Ambiente

刘时剑　许天舒　袁佳楠　傅志勇　译/校

法律出版社
LAW PRESS · CHINA
——北　京——

图书在版编目(CIP)数据

哥伦比亚可再生自然资源和环境保护法典 / 刘时剑等译. -- 北京 : 法律出版社, 2022
ISBN 978-7-5197-6568-2

Ⅰ. ①哥… Ⅱ. ①刘… Ⅲ. ①再生资源-自然资源保护法-法典-哥伦比亚②环境保护法-法典-哥伦比亚 Ⅳ. ①D977.526

中国版本图书馆 CIP 数据核字(2022)第 049536 号

哥伦比亚可再生自然资源和环境保护法典
GELUNBIYA KEZAISHENG ZIRAN ZIYUAN HE HUANJING BAOHU FADIAN

刘时剑 许天舒 袁佳楠 傅志勇 译

责任编辑 吴 昉 蒋潆莹
装帧设计 凌点工作室

出版发行 法律出版社
编辑统筹 法律教育出版分社
责任校对 郑怡萍
责任印制 刘晓伟
经　　销 新华书店

开本 710 毫米×1000 毫米 1/16
印张 13.75 **字数** 191 千
版本 2022 年 3 月第 1 版
印次 2022 年 3 月第 1 次印刷
印刷 北京盛通印刷股份有限公司

地址:北京市丰台区莲花池西里 7 号(100073)
网址:www.lawpress.com.cn
投稿邮箱:info@lawpress.com.cn
举报盗版邮箱:jbwq@lawpress.com.cn
销售电话:010-83938349
客服电话:010-83938350
咨询电话:010-63939796

书号:ISBN 978-7-5197-6568-2
定价:52.00 元
凡购买本社图书,如有印装错误,我社负责退换。电话:010-83938349

感谢以下单位为“各国环境法典译丛”提供的大力支持！

中国法学会
阿里巴巴公益基金会
北京大学教育基金会

标示“绿典”之路（代总序）

对法律人而言，“法典”似乎是一个不可抵挡的诱惑。在我的阅读范围内，什么是法典，没有答案；但我知道，法典化是学术与实践紧密结合的过程，法学理论是法典的基础，法典是法学理论的规范性表达，没有法学和法学家，就没有法典！正因为有法学和法学家的存在，世界上从来不缺少推动法典化的力量，也未消失过反对的声音。不可否认，法典化运动是近代以来一个普遍的法律现象，在法典的制定上，法学家发挥着不可替代的作用。

十二表法是法典，抑或民法大全是法典？真的很难回答。在最宽泛的意义上，法典是一种成文的法律作品，主要是对某一法律领域最根本的原则和基础性的规范作出规定。法典是整体的、系统的，不是单一的法律，也不是对多部法律的简单汇编；法典是科学系统编纂的成果，是对法学和法律的提炼和结合，需要由法学家和法律家共同参与才能完成。法典化作为一种理想的立法模式和方法，各类法律不断地完善、补充以及体系化，最终都是以制定法典作为目标的。

即便如此，环境法人对环境法典依然有太多的疑问。从形式上看，大陆法系的一些国家制定了环境法典，更多国家没有环境法典；有的国家环境法律冠有“法典”之名，但学者们却认为其不是一部法典；有的国家环境法典连续多达数本，有的国家环境法典只有可怜的几十条。从内容上看，不同国家的环境法典更是千差万别，与具有基本相同体例的各国民法典相比,简直是“冰火两重天”。从法典化的过程看,有的国家经过三十多年的争论,多次启动环境法典制定,始终不得其果;有的国家几乎还没有开始环境保护,就在国外专家的帮助下,出台了环境法典;还有的国家环境法典已经制定完成,却因为种种原因不能或者不敢颁行……到底什么时候需要环境法典?环境法典是社会变革的必然结果吗?特定的个人或政治家对环境法典有怎样的作用?应如何认识环境法典与环境法学的关系?剪不断、理还乱,直叫人爱也法典,恨也法典!

在中国,环境法典同样是环境法人的不变“初心”,也始终走在坎坷崎岖的道路上。20世纪70年代,中国环境保护立法起步之始,就设定了法典化目标。1979年,在时任国务院环境保护领导小组副组长李超伯代表国务院向全国人大常委会所作的《关于〈中华人民共和国环境保护法(草案)〉的说明》中,就明确指出这部法律主要是规定国家在环境保护方面的基本方针和基本政策,应成为环境保护领域的基本法。虽然这部法律因种种原因以《中华人民共和国环境保护法(试行)》的方式颁布,但以基本法为龙头、单行法为骨干的环境立法体系一直延续至今,“体系化”这个法典的核心要素始终存在。在环境法理论研究中,法典化是一个永恒的课题,三十多年的中国环境法发展史上,不断有学者推出有价值的环境法典研究成果。2011年年底,全国人大常委会讨论启动《环境保护法》的修订时,将修订后的《环境保护法》作为环境法典总则加以考虑并为进行环境法典编纂奠定基础的建议再次提出,遗憾的是没有得到采纳。2014年,十二届全国人大常委会第八次会议审议通过的《环境保护法修订案》只是进一步明确了其在环境保护领域的综合法定位。在学者们看来,这是《环境保护法》地位的提升,但由此带来的立法实践“困扰”日显,随着《大气污染防治法》《海洋环境保护法》《水污染防治法》等环境保护单行法修订工作的展开,如何处理与《环境保护法》的关系,成为一个现实的问题。或者高度重复立法或者法律支离破碎的困境,使立法者开始关注并思考环境法典编纂的必要性及可行性;人大代表、政协委员关于环境法典编纂的议案、建议逐渐增多，将编纂环境法典纳入第十三届全国人大常委会立法计划的呼声也日益高涨。

不得不承认，我们这一辈环境法人赶上了最好的时代！过去四十年经济社会高速发展所积累的生态环境问题成为制约中国未来的“瓶颈”已是社会共识，用法治手段推进生态文明建设、打赢污染防治攻坚战的举措彰显坚定的政治意志，中国自己的立法、执法、司法经验和理论成果奠定了环境法体系化、整体化的基础。种种现象表明，展开法典化研究和推进环境法典编纂的一些必要条件已经具备；但是，这些客观现实均不能构成中国必须编纂环境法典的充分理由。中国是否需要环境法典，是否存在环境法典的替代方案？如果我们认为中国应该有环境法典，也必须回答中国需要怎样的环境法典、如何构建适应环境法典需求的环境法知识体系、如何在现有环境立法与资源立法的基础上进行建构、如何处理环境法典与民法典等传统法典的关系……别有滋味在心头，真让人喜也法典，忧也法典！

一个时代的学者有一个时代的使命，回答环境法典编纂的基本理论问题，是今天的中国环境法学者必须直面的时代课题。这需要学者们有时不我待的担当和舍我其谁的勇气，以严肃的学术态度、坚毅的学术精神、科学的学术方法、理性的学术论证，提出能够让立法决策者接受、让社会接受的成果。至于最后的结论，无论是圆梦环境法典还是梦碎环境法典，都具有同等的非凡价值。我们要做的，仅仅是忠实记录所走过的道路，并留下一个又一个路标，昭示后来人。

在我的心目中，“绿典之路”丛书就是这样一个树立路标的系统工程。之所以将环境法典称为“绿典”，是希望为我们的路标涂上最鲜明的底色，为每个行路人提供更高辨识度。面对可能前行、可能转折、可能返回的环境法典之路，希望既提供国外先行者的路线图，鼓励研究参照系、重走经典线，为可行或不可行之路插上绿色路标；也总结中国的经验，鼓励漫漫长路上下求索，逢山开路、遇水搭桥，为开辟康庄大道设定绿色标识。为此,“绿典之路”丛书设计了“各国环境法典译丛”“外国环境法典研究文丛”“中国环境法典研究文丛”“环境法典相关研究文丛”等若干子系列,从构建环境法典研究“生态系统”的角度,探索环境法典化的“生态平衡”。出现在“绿典之路”上的每一本论著,都应该既有独立的功能与作用,也能为提升生态系统的服务能力贡献智慧与力量。

我知道,任何国家制定法典,都有很多既偶然又必然的因素发挥着作用,结果不可预测。在中国,环境法典的出台,也许很快,也许很慢,甚至慢到我们这一代人都无缘相见。但是,我更明白,学者对法典的追求,从来不是以被命名为法典的某个法律文件为直接目的。在法典化的进程中,创新和创造环境法知识体系、合理解释环境法社会现象、准确把握环境法运行规律、教授和传承环境法思维方式、巩固和提升环境法学术品质,都是学者为环境法典所做的最好准备和最大贡献。因此,“绿典之路”丛书是否可以在当下直接为中国环境法典编纂做出贡献,可遇而不可求。但是,记录环境法学的思维过程,记载环境法学人的心路历程,记忆环境法学科的品格养成,为后人标示中国环境法典化之路,一定可以实现。

2014年的今天,全国人大常委会高票通过《环境保护法修订案》,这部“长出了牙齿”的法律,凝聚了几代环境法人的心血,是环境法理论成果与立法决策的有机结合,值得环境法人骄傲和自豪!2018年春天,我们托起心中的向往,满怀信心再出发!期待在“绿典之路”上,环境法学者不断成长,环境法成果不断涌现,环境法学科不断完善,环境法品格不断成熟!

吕忠梅

2018年4月24日

于北京太平桥大街23号

译者序

《哥伦比亚可再生自然资源和环境保护法典》(以下简称《哥伦比亚环境法典》)颁布于1974年。该法典是拉美和加勒比地区的第一部环境法典,标志着环境立法纳入该地区国家立法体系的开端,环境法在拉美和加勒比地区的发展自此不断向前,从未止步。1972年6月,联合国人类环境会议在瑞典斯德哥尔摩举行,《哥伦比亚环境法典》的颁布正是对此次会议的主要回应。法典的制订是本次联合国人类环境会议达成的协议所推动的成果之一,也是拉美和加勒比地区环境管理制度化进程的组成部分。

《哥伦比亚环境法典》共有法条340条,主要包括两种类型的法律规范:一类是系统地将环境视为一个整体的立法,另一类是与环境相关的部门立法。该法典综合谈及环境的法条仅有70条,其中,有40条是序篇和第一卷"关于环境"中的内容,另外30条是第二卷最后"关于特殊管理区"的规定,包括综合管理区及休闲区、水文流域、土地保护区、国家公园体系等。这70条体现了20世纪60年代环保人士的观念,如环境要素的相互依存性,环境资源是当代和代际财富与健康的基础,关注环境质量,与经济活动导致的污染作斗争,保护、保存和重建国土内有特殊生态价值的自然区域的急迫性,诸多环境问题的跨境承认等。正如该法典第7条所言,"全体人民有权享有利于健康的环境",这是当代环境保护论的核心要素,后来也被哥伦比亚写入了1991年《哥伦比亚宪法》。

《哥伦比亚环境法典》中与环境相关的部门法占主要地位,即主要为有关可再生自然资源的规定。第二卷"关于可再生自然资源的权属、使用及环境影响”中270条左右的法条规定了以下问题:大气和领空,各类水资源,地表、土地、土壤和地下资源,植物,动物,具有能源潜力的地表坡度,地热资源,海洋及海底的生物资源,以及景观资源等。

从《哥伦比亚环境法典》诞生的历史环境来看,其主导作用是从根本上规范自然资源,而非单纯的环境保护。该法典颁布于1974年年初,彼时环境保护主义仍处于发展的初期阶段。该法典反映了基于功利保护主义的长期规则的传统,与此同时,也体现了与20世纪60年代诞生的环境保护主义同期出现的法规,这为保护主义的长期传统提供了新的话语背景。

总之,《哥伦比亚环境法典》的颁布标志着环境保护制度规范建立进程的开始。值得肯定的是,此后,哥伦比亚的环境法律体系还通过1991年《哥伦比亚宪法》和1993年第99号法(《哥伦比亚环境法》)得以补充完善。这三部高级法律构成了当前哥伦比亚的环境立法,它们包含了几乎所有关于系统保护环境的要素,而这些要素也遵循了社会与环境之间关系的不同观点。总的来说,1991年《哥伦比亚宪法》和1993年第99号法代表了哥伦比亚环境法体系的积极演变,而这些演变的根源与大部分基础都存在于1974年的《哥伦比亚环境法典》之中。

此次翻译的法典版本为2014年由哥伦比亚环境与可持续发展部为纪念《哥伦比亚环境法典》颁布四十周年而编纂的法典注释本。该版本注明了与各法条相关的规范性法律文件的条文及案例,可为读者更加全面、深刻地解读法条提供索引。哥伦比亚法律以颁布的年份和序号命名,如《哥伦比亚环境法典》为1974年第2811号法令,立法涉及的具体内容仅在正文中说明。该法典注释本中提及的相关规范性法律文件的文本众多,遗憾的是,囿于时间,译者未能查询并译注注释文本中所涉及的规范性法律文件的具体名称。尽管如此,译者仍希望年份和序号信息能为部分有外语基础的读者进行有关检索提供一定的帮助。

《哥伦比亚环境法典》的翻译工作组由北京外国语大学法学院2013级硕士刘时剑、许天舒和北京外国语大学西班牙语葡萄牙语学院2017级硕士袁佳楠、2018级硕士傅志勇组成。具体翻译工作分工依次为：前言至第49条，许天舒；第50条至第111条，傅志勇；第112条至第163条，袁佳楠；第164条至第246条，刘时剑；第247条至第340条，傅志勇。附录专业术语对照表由傅志勇和刘时剑统一整理。全书由刘时剑、许天舒、袁佳楠、傅志勇校对，刘时剑统稿，中国人民大学法学院竺效教授审定。

最后，特别感谢中国人民大学竺效教授和北京外国语大学万猛教授对译者的信任和帮助。本人很荣幸有机会尝试环境法领域的法律文本翻译，希望以此为起点，对西语国家的环境法体系做更进一步的学习和调研。由于水平有限，译作难免存在诸多瑕疵，敬请读者斧正。

刘时剑

2021年8月6日于北京

译者、校者简介

刘时剑 毕业于北京外国语大学，西班牙语语言文学学士，国际法学硕士。

许天舒 毕业于北京外国语大学，西班牙语语言文学学士，国际法学硕士。

袁佳楠 毕业于北京外国语大学，西班牙语翻译硕士。

傅志勇 毕业于北京外国语大学，西班牙语翻译硕士。

前　言

在拉丁美洲，哥伦比亚在法律法规发展方面处于领先地位。《哥伦比亚可再生自然资源和环境保护法典》是拉丁美洲的第一部环境法律汇编。

1974 年第 2811 号法令（或称《哥伦比亚可再生自然资源和环境保护法典》）是在 1973 年第 23 号法[1]赋予国家政府的特别权力框架内颁布的，这一法律吸纳了 1972 年联合国人类环境会议确立的原则。

1973 年第 23 号法授权哥伦比亚政府“改革并增订可再生自然资源以及环境保护的现行立法”，旨在合理利用可再生自然资源，实现国家环境保护。《哥伦比亚可再生自然资源和环境保护法典》的颁布，为哥伦比亚环境立法设立了标准，而传统规范自然资源使用和开发的规定从民事立法中被废除。

本法典将环境视为人类的共同财富，须获得妥善保护，并对人与自然的关系重新进行定义。

《哥伦比亚可再生自然资源和环境保护法典》共包括 340 条。前 6 条涵盖了一般总则，将环境定义为共同财富，并说明了立法目的和法律规定

---

〔1〕 该法是在上一部《哥伦比亚宪法》（1886 年）有效期内颁布的。1973 年第 23 号法第 19 条规定：“根据《哥伦比亚宪法》第 76 条第 12 款，共和国总统自本法颁布之日起被授予为期一年的特别权力，改革和补充有关可再生自然资源和环境保护的现行立法，以实现上述资源的合理利用和充分保护。为行使本法赋予的权力，共和国总统可颁布《哥伦比亚可再生自然资源和环境保护法典》。”该规定在 1998 年 C－126 号判决裁定的宪法诉讼中被起诉，这一判决宣布与总统颁布《哥伦比亚可再生自然资源和环境保护法典》的特别权力有关的条款具有可执行性。

范围,同时指出执行环境法规是中央政府的职责。全法典分为两卷,第一卷为“关于环境”(第7条至第41条),包含环境法规的相关总则,法规执行方式,有国际影响的环境问题和环境政策,其他损害环境的要素,包括化学物质、噪声、废弃物等,以及不可再生自然资源的环境影响等内容。第二卷为“关于可再生自然资源的权属、使用及环境影响”(第42条至第340条),规范了关于可再生自然资源使用的具体内容,对大气环境及大气空间、非海洋水域、海洋及海底、一次能源资源、地热资源、地表及土地、动植物、水生生物资源、景观资源、可再生自然资源的管理等方面作出了具体规定。

哥伦比亚环境与可持续发展部为纪念《哥伦比亚可再生自然资源和环境保护法典》颁布四十周年,向研究院、非政府组织、私营部门、国有企业及全社会介绍这部作品,相信它将十分有益,并将有助于在我国实施环境法,以保护可再生自然资源和环境。

哥伦比亚环境与可持续发展部认为这部作品是向那些认真严谨并坚定接受挑战的人们致敬,这些人缔造了一部前沿的法典,为哥伦比亚的可再生资源和环境的管理提供了规范基础,他们对国家而言十分重要,其中包括:胡里奥·卡里索萨·乌马纳博士、马里奥·拉托雷·卢爱达博士、埃尔南·瓦列霍博士,农业部部长玛格丽塔·马里诺·德博德罗女士,哥伦比亚可再生自然资源开发研究所研究员卡洛斯·巴雷拉·门德斯、胡斯托·阿方索·甘博阿、菲利克斯·奎维多以及伊梅尔达·古铁雷斯。

在谈及该法典时,卡里索萨·乌玛尼亚教授表示:“由于我们在所有方面都是从零开始,所以创立这样一部法典是不易的。但是我们有一支庞大且重要的工作团队,其中的每个人都有很好的意愿来工作,很多人甚至没有酬劳。如今,在经过了多年的努力以后,我看到我们在法律领域取得的进步,让人们在这一方面有意识。但是在一个有如此多贫困和贪腐的战乱国家,想在环境方面采取行动,是非常艰难的一件事。”

环境与可持续发展部部长

鲁斯·艾蕾娜·萨尔米恩托·威亚米萨尔

法典四十年

《哥伦比亚可再生自然资源和环境保护法典》自 1974 年 12 月生效。虽然其中很多条款已经被修改或者删除，但其框架仍然保持不变，其精神传承至 1991 年《哥伦比亚宪法》，其主要特征延续至 1993 年第 99 号法。过去的四十年对哥伦比亚而言是不易的四十年，因为 1974 年已经有正在组建的可卡因和大麻卡特尔[1]，也出现了四支游击队，人们预感到国家民族战线的结束意味着国家将与过去告别。这部环境法典或许可以被认为是包括左派党在内的党派联盟精神引导的最新法令之一。不论是保守派的米萨埃尔·帕斯特拉纳·博雷罗，还是自由派的阿方索·洛佩斯·米切尔森，都承诺要编纂完成好环境法典。律师、科学家和技术人员共数十名合作编写这部法典，其中有一些重要的左派人士为法典的成功编纂投入全部精力，并与右派人士通力合作，他们也希望社会、文化和生态环境的相互关系在法律体系中的地位更加明确。

这些法典编写组的形成，让我们体会到当时的哥伦比亚普遍存在的精神和理想。马里奥·拉托雷·卢爱达是一位在初期环境主题会议上发言的自由派律师，正是他提议编纂环境法典。农业部部长、保守派律师埃尔南·瓦列霍则提出从国家层面继续完成这一民间社会的倡议。最后，自由派律师阿尔瓦罗·埃斯奎拉则从司法部层面保证了法令的颁布。这

〔1〕 译者注：拉丁美洲贩毒集团的形式，毒品卡特尔通常由几个贩毒组织组成，通过控制毒品供应来抬高市场上的毒品价格，以实现垄断。

三位律师虽然在意见上不相合，但都希望国家在环境法典方面有所改变。

可能正是这一主题所具有的特征为这一进程提供了便利，也正是由于联合国的努力，现在保护可再生自然资源和环境才是一个平常的话题。尽管保护主义者和发展主义者在实现保护可再生自然资源和环境这一目标的最适当的方法上有分歧，但由于在这一问题上缺少官方观点，且意识形态不同的法典编写者之间的对话十分深入，该法典文本的撰写才得以顺利进行。

正是这数十名法典编写者，让哥伦比亚拥有了第一部环境法典。十五年前，环境部发布了一份文件，其中列明了他们的名字，在这里我不能不再次提及其中的四位：工作组组长何塞·瓦宁·特略，联合国粮农组织顾问吉列尔莫·卡诺（阿根廷）以及协调员伊梅尔达·古铁雷斯和路易斯·卡洛斯·巴雷拉。他们领导并协调整个工作组，对这部法典的集体性、参与性、跨学科性和综合性负责，这就是它延续至今的原因。

胡里奥·卡里索萨·乌玛尼亚

目 录

1974年第2811号法令

（12月18日）

由此颁布《哥伦比亚可再生自然资源和环境保护法典》。

哥伦比亚共和国总统行使由1973年第23号法赋予的特别权利，并在与分别由立法院和国务委员会[1]任命的委员会协商后，颁布法令：

第1条 环境是公共财产。国家和个人应当参与到环境保护和治理中，这项工作对于公众有益，关乎社会利益。

可再生资源的保护和治理有益于公众，关乎社会利益。

法条索引

《宪法》第8条、第79条、第80条、第88条及第95条第8项

1973年第23号法第2条

1993年第99号法第10条第2项、第8项

1974年第2811号法令第2条

1978年第1608号法令第2条

1978年第1541号法令第2条

---

〔1〕 译者注：国务委员会是哥伦比亚行政诉讼的最高法院，也是政府的最高咨询机构。

相关判例

最高法院民事上诉法庭，案卷号：52835－3103－001－2000－00005－01，负责法官：威廉·那门·巴尔加斯，波哥大，2011年5月16日。

宪法法院2010年C－595号判决，案卷号：D－7977，负责法官：豪尔赫·伊万·帕拉西奥·帕拉西奥，波哥大，2010年7月27日。

宪法法院2000年C－431号判决，案卷号：D－2589，负责法官：弗拉迪米罗·纳兰霍·梅萨，波哥大，2000年4月12日。

宪法法院2011年T－608号判决，案卷号：T－3045533，负责法官：胡安·卡洛斯·埃纳奥·佩雷斯，波哥大，2011年8月12日。

第2条　本法典基于的原则是环境是人类的共同财产，是人民生活和经济社会发展的必需要素。本法典旨在：

1. 根据保证人和自然的协调发展、保证资源持续可利用、保证最大限度的社会参与从而使本国当下及未来居民的健康和福祉受益的公平标准，实现环境的保护和恢复及可再生自然资源的保护、优化及合理利用。

2. 防范及控制因开采非可再生自然资源而对其他资源产生的有害影响。

3. 规范涉及环境和可再生自然资源的人类行为，包括个人、集体行为及政府活动，以及因利用和保护这些资源与环境而产生的关系。

法条索引

《宪法》第8条、第79条及第80条

1973年第23号法第1条、第2条

1993年第99号法第1条

1997年第388号法

2001年第685号法第1条、第37条、第59条、第60条、第78条、第85条、第107条至第110条、第154条至第173条及第194条至第216条

1974 年第 2811 号法令第 1 条

1978 年第 1541 号法令第 1 条

2010 年第 2820 号法令

相关判例

宪法法院 2000 年 C－431 号判决,案卷号:D－2589,负责法官:弗拉迪米罗·纳兰霍·梅萨,波哥大,2000 年 4 月 12 日。

宪法法院 2002 年 C－339 号判决,案卷号:D－3767,负责法官:哈梅·阿劳霍·任特利亚,波哥大,2002 年 5 月 7 日。

宪法法院 2014 年 C－123 号判决,案卷号:D－9700,负责法官:阿尔伯托·罗哈斯·里奥斯,波哥大,2014 年 3 月 5 日。

宪法法院 1997 年 C－221 号判决,案卷号:D－1458,负责法官:亚历杭德罗·马丁内斯·卡巴列罗,波哥大,1997 年 4 月 29 日。

宪法法院 1996 年 C－535 判决,案卷号:D－1239,负责法官:亚历杭德罗·马丁内斯·卡巴列罗,波哥大,1996 年 10 月 16 日。

宪法法院 1996 年 C－495 号判决,案卷号:D－1285,负责法官:法比奥·莫隆·迪亚兹,波哥大,1996 年 9 月 26 日。

宪法法院 1994 年 C－519 号判决,案卷号:LAT－036,负责法官:弗拉迪米罗·纳兰霍·梅萨,波哥大,1994 年 11 月 21 日。

宪法法院 1994 年 C－058 号判决,案卷号:D－369,负责法官:亚历杭德罗·马丁内斯·卡巴列罗,波哥大,1994 年 2 月 17 日。

宪法法院 1992 年 T－411 号判决,案卷号:T－785,负责法官:亚历杭德罗·马丁内斯·卡巴列罗,波哥大,1992 年 6 月 17 日。

第 3 条　根据以上阐明的立法目的,本法典对如下内容进行规定:

1. 可再生自然资源管理,范围包括:

(1) 国家领空及大气空间。

(2) 一切形态的水资源。

(3) 土壤、地面及底土。

（4）植物。

（5）动物。

（6）可再生能源的主要来源。

（7）待开发的潜在资源地。

（8）地热资源。

（9）境内水域、领海（包括海床及底土）、属哥伦比亚大陆及岛屿管辖的专属经济区中的生物资源。

（10）自然景观资源。

2. 对可再生自然资源及环境的保护，以应对自然现象引起的破坏。

3. 其他组成环境的要素，或在本法典中提到的对环境产生影响的要素，如：

（1）垃圾、残留物、废料、废弃物。

（2）噪音。

（3）人类定居城市、农村对生存环境造成的影响。

（4）人类生产的或因人类活动产生的引起或可能引起环境恶化的要素。

法条索引

1993 年第 99 号法

1994 年第 165 号法

1994 年第 140 号法

1994 年第 143 号法

2008 年第 1205 号法

1978 年第 1541 号法令

1978 年第 1608 号法令

1978 年第 1715 号法令

1995 年第 948 号法令

1996 年第 1791 号法令

2012 年第 1640 号法令

2013 年第 1120 号法令

2013 年第 2981 号法令

1995 年第 898 号决议

1997 年第 619 号决议

2001 年第 438 号决议

2006 年第 627 号决议

2007 年第 1652 号决议

2008 年第 909 号决议

2008 年第 910 号决议

2009 年第 426 号决议

2010 年第 760 号决议

2010 年第 651 号决议

2010 年第 650 号决议

2010 年第 610 号决议

2012 年第 2329 号决议

2013 年第 1541 号决议

2013 年第 171 号决议

2013 年第 1111 号决议

2013 年第 3768 号决议

第 4 条　个人依法享有关于环境和可再生自然资源的权利。具体权利的实行依照本法典规定。

法条索引

《宪法》第 58 条

1973 年第 23 号法第 2 条

1887 年第 153 号法第 28 条

1974 年第 2811 号法令第 42 条

相关判例

宪法法院1998年C－126号判决,案卷号:D－1794,负责法官:亚历杭德罗·马丁内斯·卡巴列罗,波哥大,1998年4月1日。

宪法法院2002年C－293号判决,案卷号:D－3748,负责法官:阿尔弗雷多·贝尔特兰·希拉,波哥大,2002年4月23日。

国务委员会,第一庭,1999年8月12日判决,案卷号:5500,负责法官:胡安·阿贝托·波罗·费格罗。

国务委员会2002年10月24日判决,案卷号:4027,负责法官:加布里埃尔·爱德华多·门多萨·马特罗。

宪法法院1993年T－254号判决,案卷号:T－10505,负责法官:安东尼奥·巴雷拉·卡尔波内,波哥大,1993年6月30日。

宪法法院2004年C－108号判决,案卷号:D－4870,负责法官:阿尔弗雷多·贝尔特兰·希拉,波哥大,2004年2月10日。

宪法法院1998年C－478号判决,案卷号:D－1945,负责法官:亚历杭德罗·马丁内斯·卡巴列罗,波哥大,1998年9月9日。

宪法法院1995年T－617号判决,案卷号:T－78710、78659、76332、77330,负责法官:亚历杭德罗·马丁内斯·卡巴列罗,波哥大,1995年12月13日。

法条有效性说明

宪法法院1998年C－126号判决指出,该法条符合《宪法》。根据哥伦比亚《宪法》第58条规定,私有可再生资源财产根据其生态功能,受相关法律限制。

第5条 本法典适用于哥伦比亚共和国全境,包括哥伦比亚领海、领海海床及底土、领海上空、大陆架、专属经济区,及其他根据国际法规定,由哥伦比亚共和国实施管辖权的海域。

法条索引

《宪法》第 101 条、第 102 条

相关判例

宪法法院 2004 年 C－779 号判决，案卷号：LAT－258，负责法官：杰米·科尔多瓦·特里维尼奥，波哥大，2004 年 8 月 18 日。

宪法法院 1999 年 C－1022 号判决，案卷号：LAT－163，负责法官：亚历杭德罗·马丁内斯·卡巴列罗，波哥大，1999 年 12 月 16 日。

第 6 条 本法典规定的环境政策由哥伦比亚中央政府具体负责执行。中央政府有权委派各级政府或其他专门公共机构负责执行。

法条索引

1993 年第 99 号法第 1 条、第 5 条

1973 年第 23 号法第 6 条

相关判例

宪法法院 1996 年 C－495 号判决，案卷号：D－1285，负责法官：法比奥·莫隆·迪亚兹，波哥大，1996 年 9 月 26 日。

第一卷

关于环境

第一部分　环境政策的定义及一般规定

第7条　全体人民有权享有利于健康的环境。

法条索引

《宪法》第79条

2000年第995号法令第8条第7款、第10项第1目第5点、第12项第2目第1点、第16项第2目、第12条、第13条

相关判例

宪法法院1993年SU－067号判决，案卷号：T－904，负责法官：法比奥·莫隆·迪亚兹，波哥大，1993年2月24日。

宪法法院2002年C－339号判决，案卷号：D－3767，负责法官：杰米·阿劳霍·伦特里亚，波哥大，2002年5月7日。

宪法法院2000年C－794号判决，案卷号：D－2687，负责法官：何塞·格雷格里奥·埃尔南德斯·加林多，波哥大，1993年2月24日。

宪法法院1992年T－406号判决，案卷号：T－778，负责法官：希罗·安加利塔·巴隆，波哥大，1992年6月5日。

国务委员会2003年9月11日判决，案卷号：2615，负责法官：玛利亚·诺埃米·埃尔南德斯。

宪法法院1994年C－519号判决，案卷号：LAT－036，负责法官：弗拉迪米罗·纳兰霍·梅萨，波哥大，1994年11月21日。

宪法法院1994年C－423号判决，案卷号：D－557，负责法官：弗拉迪米罗·纳兰霍·梅萨，波哥大，1994年9月29日。

第8条 环境污染的情形包括但不限于：

1. 空气污染、水污染、土地污染及其他可再生资源污染。污染是指受人类活动或自然现象影响，环境中的物质或能源形式发生改变，对人类健康和生活舒适度产生影响，对动植物、环境质量、国家资源、个人资源等造成损害的现象。

污染物指所有可能或已经对环境产生上述危害的要素或其组合或能源形式。污染包括物理污染、化学污染、生物污染。

2. 土壤退化、侵蚀、流失。

3. 受地形变化影响造成的环境危害。

4. 受自然水流影响造成的环境危害。

5. 水道、水库沉积。

6. 河床、湖底、海底等发生的有害变化。

7. 动植物或其他生物资源灭绝、数量或质量急剧下降。

8. 疾病或灾害的发生及传播。

9. 有害动植物物种或有害物质的引入、传播与迁移。

10. 自然景观的消极变化。

11. 天然能源的自然来源的减少或消失。

12. 垃圾、残留物、废料、废弃物的堆积或不当处理。

13. 有害噪音。

14. 危险物质的不当使用。

15. 水体富营养化，即水体中部分植被的过度生长。

16. 城市或乡村人口过度集中，影响人类健康及生活舒适度。

法条索引

1973年第23号法第4条、第5条

1979年第9号法

1993 年第 99 号法第 42 条

1994 年第 140 号法

1994 年第 165 号法

1997 年第 388 号法第 10 条、第 101 条

2001 年第 685 号法第 4 条、第 34 条、第 42 条、第 48 条、第 59 条、第 62 条、第 82 条、第 85 条

2008 年第 1205 号法

1974 年第 2811 号法令第 134 条

1978 年第 1541 号法令第 206 条、第 207 条

1979 年第 1875 号法令

2010 年第 3930 号法令

2010 年第 4728 号法令

2004 年第 1443 号法令

2012 年第 2667 号法令

1995 年第 898 号决议

1997 年第 619 号决议

2006 年第 627 号决议

2007 年第 1652 号决议

2008 年第 909 号决议

2008 年第 910 号决议

2009 年第 426 号决议

2010 年第 610 号决议

2010 年第 650 号决议

2010 年第 651 号决议

2010 年第 760 号决议

2012 年第 2329 号决议

2013 年第 171 号决议

2013 年第 1111 号决议

2013 年第 1541 号决议

2013 年第 3768 号决议

相关判例

宪法法院 2003 年 C－894 号判决，案卷号：D－4552，负责法官：罗德里戈·埃斯科瓦尔·吉尔，波哥大，2003 年 10 月 7 日。

第 9 条 对环境要素及可再生资源的利用应遵循如下原则：

1. 应遵照本法典宗旨及目的，有效利用自然资源及其他资源，为全人类共同利益发挥最大功效。

2. 自然资源及其他资源具有独立性。如无必要，对某一资源的利用不应对其他资源产生影响。

3. 对环境要素及可再生资源的利用不得损害全人类共同利益，不得损害第三方利益。

4. 自然资源各种用途的优先顺序应当根据本法典前述阐明的立法原则顺序进行排列，并以该顺序为准对资源进行协调利用。

5. 可再生资源利用不得超过合理限度，即对资源的利用不应损害物理环境、化学环境、生态环境，不应造成资源枯竭或对资源造成严重伤害，在符合公共利益前提下，不应影响资源进一步利用。

6. 对可再生自然资源和环境要素的管控应统筹考虑，维护城乡平衡发展，应当在市中心及其周边建立并保留绿化带。

法条索引

《宪法》第 80 条

1973 年第 23 号法第 4 条

1979 年第 9 号法

1993 年第 99 号法第 1 条

1977 年第 388 号法第 10 条、第 101 条

1979 年第 1875 号法令

2004 年第 1200 号法令

2010 年第 3930 号法令

2010 年第 4728 号法令

2012 年第 1640 号法令

2013 年第 1120 号法令

相关判例

宪法法院 1996 年 C－495 号判决，案卷号：D－4552，负责法官：法比奥·莫隆·迪亚兹，波哥大，1996 年 9 月 26 日。

国务委员会 2012 年 10 月 18 日判决，案卷号：5153，负责法官：马尔科·安东尼奥·贝利拉。

第二部分　有国际影响的环境问题

第10条　为防范、解决环境问题，规范邻国间可再生自然资源的利用，哥伦比亚政府提倡在不违背现行国际条约的前提下，对涉及以下内容的现行规定进行补充，并对可能出现的新规定进行协商：

1. 持续开展政府间信息交换。政府间通过信息交换，为自然资源和环境要素的发展和最优利用制订计划。

2. 政府间对各国政府或居民所计划的工程可能引起的环境失衡或变化提前进行沟通。如各方认为环境权益将受到损害，应提前进行沟通，确保留有充足时间采取应对措施。

3. 政府共同管理可再生自然资源。如某一自然资源的开采及利用无法以国家为界限分别进行，或从经济、技术角度，该资源的开采及利用不适合以国家为界限分别进行，相关政府可协商对资源进行共同管理。

4. 采取相关措施，避免在哥伦比亚境内使用不可再生资源，或避免利用哥伦比亚及其邻国环境要素时对其他国家环境造成重大影响。

法条索引

1993年第99号法第5条第22项

1995年第191号法

2002年第1667号法令

相关判例

宪法法院1996年C－332号判决,案卷号:LAT－0060,负责法官:胡里奥·塞萨尔·奥迪斯,波哥大,1996年8月1日。

第11条 第10条所指自然资源包括但不限于:

1. 哥伦比亚共和国国界线的流域,或穿过国界线的河流,包括表层水、地下水及其他相关自然河道。

2. 国界线两侧的森林资源。

3. 哥伦比亚共和国及其邻国共同享有权益的动物资源。

4. 国家领海及其所包含的自然资源。

5. 大气资源(当一国内相关活动可能对邻国产生有害影响或引起不利的气候变化时)。

6. 跨越边境的地热储层。

法条索引

1978年第10号法

1993年第99号法第5条第22项

1995年第191号法

1974年第2811号法令第164条至第166条

2002年第1667号法令

2012年第1640号法令

2013年第1120号法令

相关判例

宪法法院1996年C－332号判决,案卷号:LAT－0060,负责法官:胡里奥·塞萨尔·奥迪斯,波哥大,1996年8月1日。

第12条 哥伦比亚共和国政府将尽量避免或禁止使用会对非邻国、公海及其海床、领土管辖范围以外的大气层或外层空间环境造成伤害的可再生资源及环境要素。哥伦比亚政府同时将采取行动，力求他国在类似情况下持相近立场。

法条索引

1993 年第 99 号法第 5 条第 22 项

1995 年第 191 号法

2002 年第 1667 号法令

相关判例

宪法法院 2007 年 C－760 号判决，案卷号：T－1398036，负责法官：克拉拉·伊内斯·巴尔加斯·埃尔南德斯，波哥大，2007 年 9 月 25 日。

第三部分　环境政策的发展途径

第一章　经济鼓励政策

第 13 条　为加强对环境及可再生资源的保护、优化及修复,哥伦比亚政府制定相关经济鼓励政策。

法条索引

1973 年第 23 号法第 7 条

1993 年第 99 号法第 42 条,第 43 条第 1 目、第 44 目、第 45 目

1994 年第 139 号法

1974 年第 2811 号法令第 220 条

1997 年第 900 号法令

2011 年第 2570 号法令第 2 条第 8 项

相关判例

国务委员会,行政诉讼法庭,四处,案卷号:1100103150002011015310,负责法官:乌戈·费尔南多·巴西迪达斯·巴塞纳斯,波哥大,2012 年 6 月 26 日。

宪法法院 2004 年 C-459 号判决,案卷号:D-4910,负责法官:杰米·阿劳罗·伦特里亚,波哥大,2004 年 5 月 11 日。

第二章　教育行为、社交媒介的使用和国家环境服务

第14条　在哥伦比亚《宪法》规定的职权范围内，为规范中小学及大学教育，哥伦比亚政府提倡：

1. 设置生态、环境和可再生自然资源保护相关课程。

2. 促进跨学科研究发展。

3. 推动开展环境日活动，吸引社区团体、大众教育团体参加，加深公众对环境问题认识。

法条索引

《宪法》第67条

1973年第23号法第9条

1993年第99号法第5条第10项

1994年第115号法第5条第10项

2009年第1284号法

1978年第1337号法令

1994年第1860号法令第14条、第17条

1994年第1743号法令

相关判例

宪法法院2012年T-500号判决，案卷号：T-3369848，负责法官：尼尔森·皮尼亚，波哥大，2012年6月3日。

第15条　通过适当媒介，对鼓励民众更好地保护环境和管理自然资源提出意见，采取行动，并推进宣传和培训计划，引导公众识别和管理对环境有害的物质。

第 16 条 为持续培养公众对环境和可再生资源保护的必要性认识，提升公众环保意识，哥伦比亚政府在关于电视、广播等内容的合同中加入了相关条款，与合同签订方合作，播出教育类、知识普及类节目。

第 17 条 规定强制性国家环境服务，服务期限不超过一年，为无偿服务。哥伦比亚政府确定该服务的提供方式。

法条索引

1973 年第 23 号法第 10 条

1993 年第 99 号法第 102 条

1994 年第 115 号法第 66 条、第 97 条

1994 年第 1742 号法令第 7 条、第 8 条

相关判例

宪法法院 2005 年 C－114 号判决，案卷号：D－5320，负责法官：乌贝托·安东尼奥·希拉·波尔多，波哥大，2005 年 2 月 15 日。

第三章 环境服务的费用

第 18 条 本条因 1993 年第 99 号法第 188 条被废除。直接或间接利用大气、河流、溪流、湖泊、地下水、土壤、地面，倾倒或排放农业废弃物、矿业废弃物、工业垃圾、污水、废水、烟雾、蒸汽或因盈利活动产生的有害物质的行为，可能导致相关行为方支付环保费用，用于消除或控制这些行为对环境的影响，或用于可再生资源的维护及再生。

第 19 条 哥伦比亚政府根据用户行业或地区分布计算预防、减少、消除环境问题所需的费用。

法条索引

1973 年第 23 号法第 12 条、第 13 条

1993 年第 99 号法第 42 条、第 43 条、第 46 条

2011 年第 1450 号法第 211 条

2012 年第 2667 号法令

相关判例

宪法法院 1998 年 C－126 号判决，案卷号：D－1794，负责法官：亚历杭德罗·马丁内斯·卡巴列罗，波哥大，1998 年 4 月 1 日。

宪法法院 2011 年 C－220 号判决，案卷号：D－8421，负责法官：豪尔赫·伊格纳希奥·希拉·贝莱特，波哥大，2011 年 3 月 29 日。

第四章　环境信息系统

第 20 条　创建并维护环境信息系统，提供关于环境和可再生资源的物理、经济、社会、法律方面的数据。

法条索引

1993 年第 99 号法第 5 条第 20 项

1974 年第 2811 号法令第 21 条至第 24 条

1994 年第 1600 号法令

1994 年第 1277 号法令第 2 条

2000 年第 309 号法令

2004 年第 291 号法令

2006 年第 2570 号法令

2011 年第 3570 号法令第 2 条第 12 项

2009 年第 941 号决议

2010 年第 651 号决议

2010 年第 1023 号决议

第 21 条 通过环境信息系统处理并分析的信息范围包括但不限于:

1. 地图绘制信息。
2. 水文气象、水文、水文地质、气候信息。
3. 土壤信息。
4. 地质信息。
5. 土壤非农业利用相关信息。
6. 森林资源清查。
7. 动物资源清查。
8. 本法典第二卷第一部分第六章第一节的法律信息。
9. 地区污染程度。
10. 污染源清查。

法条索引

1993 年第 99 号法第 5 条第 20 项、第 17 条

1974 年第 2811 号法令第 20 条、第 22 条至第 24 条

1994 年第 1600 号法令

1994 年第 1277 号法令第 2 条

2000 年第 309 号法令

2004 年第 291 号法令

2006 年第 2570 号法令

2007 年第 1324 号法令

2007 年第 1323 号法令

2011 年第 3570 号法令第 2 条第 12 项

2012 年第 303 号法令

第 22 条 如官方机构掌握第 21 条所列举的相关信息,或收到信息申请,应提供相关信息。

法条索引

1993 年第 99 号法第 5 条第 20 项、第 17 条

1974 年第 2811 号法令第 20 条、第 21 条、第 23 条、第 24 条

1994 年第 1600 号法令

1994 年第 1277 号法令第 2 条

2000 年第 309 号法令

2004 年第 291 号法令

2006 年第 2570 号法令

2011 年第 3570 号法令第 2 条第 12 项

第 23 条 自然资源或环境要素的所有者、使用者、特许经营者、租用者和使用许可持有者有义务向环境信息系统无偿提交相关数据，特别是自然资源及环境要素的使用情况。

法条索引

1993 年第 99 号法第 5 条第 20 项

1974 年第 2811 号法令第 20 条、第 21 条、第 22 条、第 24 条

1994 年第 1600 号法令第 3 条

第 24 条 环境信息系统数据应公开查询。涉及公共利益的数据信息应当以有效方式定期向公众公开。

法条索引

1993 年第 99 号法第 5 条第 20 项

1974 年第 2811 号法令第 20 条至第 23 条

1994 年第 1600 号法令

2011 年第 3570 号法令第 2 条第 12 项

第五章 关于国家在公共环境工程的财政投入

第25条 在年度国家预算中应特别设立专门款项用于资助环境保护计划或项目。

法条索引

1973年第23号法第14条

1993年第99号法第5条第44项、第87条至第96条

1994年第141号法第3条至第5条

2004年第4317号法令

2010年第587号法令

第26条 如公共工程涉及对可再生资源或环境的利用或损害,在制订工程总体计划时,应涵盖与受影响地区环境保护和改善相关的研究、计划和预算。

法条索引

1973年第23号法第12条

1993年第99号法第43条部分段落

1994年第141号法第3条至第5条

相关判例

宪法法院1996年C-495号判决,案卷号:D-1258,负责法官:法比奥·莫隆·迪亚兹,波哥大,1996年9月26日。

宪法法院2011年C-220号判决,案卷号:D-8421,负责法官:豪尔赫·伊格纳希奥·希拉·贝莱特,波哥大,2011年3月29日。

国务委员会,行政诉讼法庭,四处,15211号判决,负责委员:莉西亚·洛佩兹·迪亚兹,波哥大,2007年3月29日。

第六章 关于环境影响的声明

第27条 本条因1993年第99号法第118条废除。所有计划执行或执行任何可能导致环境恶化的工程或活动的自然人或法人、公共机构或私营机构,有义务就工作或活动可能造成的危害进行声明。

第28条 本条因1993年第99号法第118条废除。在工程施工、工厂建立或其他任何可能对可再生资源或环境造成显著变化或重大损害的活动前,必须进行生态环境评测,并取得环评许可。在环境评测中,除物理因素外,还将考虑经济和社会秩序因素,综合评估上述活动执行可能对相关地区产生的影响。

法条索引

1993年第99号法第49条至第62条

2010年第2820号法令

相关判例

宪法法院2012年C-745号判决,案卷号:D-8974,负责法官:毛里西奥·冈萨雷斯·古埃沃,波哥大,2012年9月26日。

宪法法院2012年C-746号判决,案卷号:D-8960,负责法官:路易斯·吉耶尔莫·格列罗·佩雷斯,波哥大,2012年9月26日。

宪法法院2013年T-154号判决,案卷号:T-2550727,负责法官:尼尔森·皮涅拉·皮涅拉,波哥大,2013年3月21日。

宪法法院1995年C-328号判决,案卷号:D-772,负责法官:罗德里戈·埃斯科瓦尔·吉尔,波哥大,2003年10月7日。

宪法法院2003年C-894号判决,案卷号:D-4552,负责法官:爱德华多·希富恩特斯·穆尼奥斯,波哥大,2003年7月27日。

国务委员会,政府事务研究咨询庭,2002 年 8 月 15 日判决,案卷号:咨询 –1429,负责法官:奥古斯托·特雷霍斯·哈拉米略。

国务委员会,政府事务研究咨询庭,1998 年 2 月 25 日判决,案卷号:咨询 –1068,负责法官:奥古斯托·特雷霍斯·哈拉米略。

国务委员会,行政诉讼法庭,三处,2011 年 11 月 29 日判决,案卷号:10018,负责法官:赫苏斯·玛利亚·卡里略·巴耶特罗斯。

国务委员会,行政诉讼法庭,一处,2011 年 8 月 23 日判决,案卷号:2 –6710,负责法官:奥尔加·伊内斯·纳瓦莱特·巴雷罗。

国务委员会,政府事务研究咨询庭,2000 年 2 月 3 日判决,案卷号:咨询 –1252,负责法官:塞萨尔·霍约斯·萨拉萨尔。

宪法法院 1999 年 C –305 号判决,案卷号:D –2127,负责法官:安东尼奥·巴雷拉·卡波内尔,波哥大,1999 年 1 月 27 日。

第 29 条 本条因 1993 年第 99 号法第 118 条废除。如第 28 条所称工程或活动涉及国际环境或自然资源,应听取哥伦比亚外交部意见。

第七章 关于区域划分

第 30 条 为合理保护环境及自然资源,哥伦比亚政府就区域划分作出规定。各部门及市政府根据国家规定,自行制定分区规定。

法条索引

《宪法》第 300 条、第 313 条

1993 年第 99 号法第 63 条、第 64 条

1997 年第 388 号法第 1 条、第 8 条、第 10 条、第 24 条、第 35 条、第 48 条

2011 年第 1454 号法

2007 年第 3600 号法令

相关判例

宪法法院2000年C－795号判决，案卷号：D－2691，负责法官：爱德华多·希富恩特斯·穆尼奥斯，波哥大，2000年6月29日。

宪法法院2000年C－431号判决，案卷号：D－2589，负责法官：弗拉迪米罗·纳兰霍·梅萨，波哥大，2000年4月12日。

国务委员会，行政诉讼法庭，一处，案卷号：11001－03－24－000－2002－0037401(8402)，负责委员：奥尔加·伊内斯·纳瓦莱特·巴雷罗，2003年10月30日。

第八章　关于环境紧急情况

第31条　在发生或将发生造成环境破坏，或其他影响集体安全的环境事件时，应采取应急措施防止危险，或消除危险影响。

法条索引

《宪法》第215条

1989年第919号法

1993年第99号法第5条第41项

2012年第1523号法

相关判例

宪法法院2011年C－216号判决，案卷号：RE－197，负责法官：胡安·卡洛斯·埃纳奥·佩雷斯，波哥大，2011年3月29日。

宪法法院2011年C－156号判决，案卷号：RE－171，负责法官：毛里西奥·冈萨雷斯·古埃沃，波哥大，2011年3月9日。

第四部分 与非自然资源类要素相关的环境保护规则

第一章 化学产品、毒性物质和放射性物质

第32条 为防止环境遭受破坏、人类及其他生物健康受到损害，特就毒性、危险物质及产品的进口、制造、运输、存放、交易、管理、使用或持有的条件及要求作出规定。具体指进行任何涉及使用放射性物质活动，或对放射性设备进行操作时，应当遵守相关规定，确保环境及人类或其他生物健康得到合理保护。

法条索引

《宪法》第81条

1960年第23号法

1971年第45号法

1979年第9号法第129条至第148条

1993年第99号法第5条第39项

1996年第253号法

1996年第303号法

2007年第1159号法

2008年第1252号法

2013 年第 1672 号法

2013 年第 1658 号法

1991 年第 1843 号法令

2004 年第 1443 号法令

2005 年第 4741 号法令

2009 年第 372 号决议

2009 年第 371 号决议

2010 年第 1297 号决议

2010 年第 1457 号决议

相关判例

国务委员会,行政诉讼法庭,案卷号:25000 – 23 – 25 – 000 – 2001 – 0022 – 02(AP)IJ,负责法官:尼古拉斯·巴拉霍·培尼亚兰达,2004 年 10 月 19 日。

宪法法院 2000 年 C – 328 号判决,案卷号:LAT – 160,负责法官:爱德华多·希富恩特斯·穆尼奥斯,波哥大,2000 年 3 月 22 日。

宪法法院 1997 年 C – 176 号判决,案卷号:LAT – 085,负责法官:亚历杭德罗·马丁内斯·卡巴列罗,波哥大,1997 年 4 月 10 日。

宪法法院 1996 年 C – 337 号判决,案卷号:LAT – 070,负责法官:安东尼奥·巴雷拉·卡波内尔,波哥大,1996 年 8 月 22 日。

宪法法院 1998 年 C – 771 号判决,案卷号:D – 2105,负责法官:卡洛斯·加维利亚·迪亚兹,波哥大,1998 年 12 月 10 日。

第二章 关于噪声

第 33 条 为保证人类健康免受噪声侵扰,特就噪音控制要求作出规定。噪声来源包括工业活动、商业活动、家庭活动、体育活动、娱乐活动、交通及其他类似活动。

法条索引

1995 年第 948 号法令第 14 条、第 15 条、第 42 条至第 64 条、第 70 条、第 89 条

2006 年第 627 号决议

2006 年第 653 号决议

2013 年第 3768 号决议

相关判例

宪法法院 1995 年 T－248 号判决，案卷号：T－59220，负责法官：亚力杭德罗·马丁内斯·卡巴列罗，波哥大，1995 年 9 月 27 日。

宪法法院 1998 年 T－630 号判决，案卷号：T－176767，负责法官：安东尼奥·巴雷拉·卡波内尔，波哥大，1998 年 11 月 4 日。

宪法法院 1994 年 T－210 号判决，案卷号：T－27746，负责法官：爱德华多·希富恩特斯·穆尼奥斯，波哥大，1994 年 4 月 27 日。

宪法法院 1996 年 T－460 号判决，案卷号：T－27746，负责法官：安东尼奥·巴雷拉·卡波内尔，波哥大，1996 年 9 月 20 日。

宪法法院 1995 年 T－575 号判决，案卷号：T－80991，负责法官：法比奥·莫隆·迪亚兹，波哥大，1995 年 12 月 1 日。

国务委员会，行政诉讼法庭，五处，案卷号：52001－23－31－000－2003－01761－01(3565)，负责委员：费乐蒙·希梅内斯·奥乔亚，2005 年 9 月 30 日。

第三章 关于垃圾、残留物、废料、废弃物

第 34 条 垃圾、残留物、废料、废弃物的管理遵守如下规定：

1. 应最大限度利用科技发展成果，采用最优方式对垃圾、残留物、废料、废弃物等各类垃圾进行回收、处理、加工及最终处置。

2. 用于如下目的的科技研究应当予以鼓励：

(1)发展利于环保、保护人类及其他生物健康的相关手段。

(2)回收工业固体、液体、气体废弃物,使其重新发挥自然或经济效用。

(3)优化难以降解或循环利用的产品的生产过程,使之转化为可降解或可循环利用的过程。

(4)对不易处理、回收、存放或最终处置的固态、液态、气态废弃物的处理方式进行完善,研究新的处理方式。

3. 应明确控制及消除异味来源的合理办法。

法条索引

1979 年第 9 号法第 22 条

1993 年第 99 号法第 31 条第 12 项

2005 年第 838 号法令

2013 年第 2981 号法令

2010 年第 1529 号决议

2003 年第 1045 号决议

相关判例

宪法法院 2009 年 C－793 号判决,案卷号:D－7668,负责法官:加布里埃尔·亚历杭德罗·门多萨·马特罗,波哥大,2009 年 11 月 4 日。

宪法法院 1999 年 T－123 号判决,案卷号:T－185714,负责法官:法比奥·莫隆·迪亚兹,波哥大,1999 年 2 月 26 日。

宪法法院 1997 年 SU－442 号判决,案卷号:T－120.950、T－124.621,负责法官:艾曼多·埃雷拉·贝尔加拉,波哥大,1997 年 9 月 16 日。

第 35 条 禁止在未经授权的情况下倾倒或排放对土地环境造成破坏,或引起个人或集体不适,甚至造成损害的残留物、废料、废弃物等各种垃圾。

法条索引

2005 年第 838 号法令

2010 年第 2820 号法令第 9 条第 10 项至第 13 项

2003 年第 1045 号决议

2010 年第 1529 号决议

相关判例

宪法法院 1993 年 T－092 号判决,案卷号:T－5849,负责法官:西蒙・罗德里格斯・罗德里格斯,波哥大,1993 年 2 月 19 日。

宪法法院 1993 年 T－471 号判决,案卷号:T－15920,负责法官:弗拉迪米罗・纳兰霍・梅萨,波哥大,1993 年 10 月 22 日。

宪法法院 1994 年 T－237 号判决,案卷号:T－28881,负责法官:安东尼奥・巴雷拉・卡波内尔,波哥大,1994 年 5 月 17 日。

宪法法院 1995 年 T－062 号判决,案卷号:T－49450,负责法官:何塞・埃尔南德斯・加林多,波哥大,1995 年 2 月 22 日。

第 36 条 对垃圾的最终处理应优先选择具有如下功能的方式:

1. 防止环境破坏及人类健康受到损害。
2. 循环使用垃圾成分。
3. 创造新的利益。
4. 恢复或优化土地质量。

法条索引

2005 年第 838 号法令

2013 年第 2981 号法令

2003 年第 1045 号决议

2010 年第 1529 号决议

相关判例

国务委员会,行政诉讼法庭,一处,2005 年 11 月 17 日判决,案卷号:73001 - 23 - 31 - 000 - 2002 - 01983 - 01(AP),负责委员:加布里埃尔·爱德华多·门多萨·马特罗。

国务委员会,行政诉讼法庭,一处,2006 年 5 月 18 日判决,案卷号:73001 - 23 - 31 - 000 - 2001 - 01896 - 01(AP),负责委员:加布里埃尔·爱德华多·门多萨·马特罗。

国务委员会,行政诉讼法庭,一处,2000 年 4 月 13 日判决,案卷号:11001 - 03 - 24 - 000 - 1999 - 5604 - 01,负责委员:奥尔加·伊内斯·纳瓦莱特·巴雷罗。

国务委员会,行政诉讼法庭,一处,2006 年 12 月 11 日判决,案卷号:11001 - 03 - 24 - 000 - 2000 - 06656 - 01,负责委员:卡米罗·阿辛耶加斯·安德拉德。

第 37 条 市政府应组织提供关于垃圾回收、运输和最终处理的服务。任何提供此项服务的自然人或法人须满足政府规定的要求和资质,并获政府授权。

法条索引

《宪法》第 49 条

1994 年第 142 号法第 14 条

2001 年第 689 号法

2005 年第 838 号法令

2013 年第 2981 号法令

2003 年第 1045 号决议

2010 年第 1529 号决议

相关判例

国务委员会,2007 年 3 月 1 日判决,案卷号:20001 - 23 - 31 -

000 - 2003 - 02008 - 01(AP),负责委员:拉斐尔 · E · 欧斯塔乌 · 德 · 拉方特 · 皮亚内塔。

国务委员会,2007 年 5 月 31 日判决,案卷号:73001 - 23 - 31 - 000 - 2003 - 00540 - 01,负责法官:玛塔 · 桑斯 · 多彭。

国务委员会,2009 年 10 月 15 日判决,案卷号:76001 - 23 - 31 - 000 - 2005 - 00181 - 01,负责法官:拉斐尔 · E · 欧斯塔乌 · 德 · 拉方特 · 皮亚内塔。

国务委员会,2011 年 4 月 7 日判决,案卷号:2331 - 000 - 2002 - 03 - 775,负责法官:玛利亚 · 克劳迪亚 · 罗哈斯 · 拉索。

国务委员会,2011 年 8 月 25 日判决,案卷号:2005 - 00123 - 01,负责法官:玛利亚 · 伊丽莎白 · 加西亚 · 冈萨雷斯。

国务委员会,2003 年 6 月 6 日判决,案卷号:15001 - 23 - 31 - 000 - 2000 - 02097 - 01(AP),负责委员:卡米罗 · 阿辛耶加斯 · 安德拉德。

第 38 条 根据垃圾、残留物、废料、废弃物等的数量及质量,可要求垃圾制造者对垃圾进行回收、处理、处置,并明确相应处理方式。

法条索引

1994 年第 142 号法第 14 条第 24 项

1995 年第 253 号法

1998 年第 430 号法

2008 年第 1252 号法

2013 年第 1672 号法

2013 年第 2981 号法令

2014 年第 351 号法令

1994 年第 541 号决议

2002 年第 1164 号决议

2010 年第 1297 号决议

2010 年第 1457 号决议

2010 年第 1511 号决议

2010 年第 1512 号决议

2010 年第 1379 号决议

相关判例

国务委员会，行政诉讼法庭，三处，2005 年 10 月 27 日判决，案卷号：11001－03－26－000－2002－0045－01，负责委员：玛利亚·埃莱娜·吉拉尔多·戈麦斯，波哥大。

第四章　关于不可再生自然资源的环境影响

第 39 条　为防止、控制不可再生资源开采、使用过程中对环境造成的破坏，针对以下内容的活动可设立相关条件及要求：

1. 矿产资源开采或处理过程中对水的使用不应影响同一水源的其他用途。

2. 从矿山排水中抽取的水的用途。

3. 石油探勘开发过程中的用水，防止用水对土地或地下水造成污染。

4. 石油、天然气二次开采过程中的用水，防止用水对环境造成危险或破坏。

5. 矿产资源进行露天开采过程中，环境问题预防工作、土地恢复、植被再造等工作循序进行。开采造成的地形地貌变化应得到有效治理，不对周边环境造成破坏。

6. 矿井或其他与矿产开采相关地点留下的废矿、矿末、矿渣等的存放地点及方式。

7. 石油、天然气等资源开采过程中，为防止石油或气体泄漏对土地或水体造成损害，应设立的相关装置及防护措施。

8. 运输对环境造成危害的物质所使用的船舶及其他交通工具的清洗

方式、地点和运行条件。

法条索引

2001 年第 685 号法

2009 年第 1274 号法

1953 年第 1056 号法令

1979 年第 1875 号法令

1999 年第 321 号法令

2006 年第 1900 号法令

2007 年第 330 号法令

2009 年第 4286 号法令

2010 年第 700 号法令

2010 年第 2820 号法令

2010 年第 3930 号法令

相关判例

宪法法院 1996 年 C－359 号判决,案卷号:LAT－071,负责法官:安东尼奥·巴雷拉·卡波内尔,波哥大,1996 年 8 月 14 日。

宪法法院 2013 年 T－154 号判决,案卷号:T－2550727,负责法官:尼尔森·皮涅拉,波哥大,2013 年 3 月 21 日。

国务委员会,行政诉讼法庭,三处,2002 年 1 月 24 日判决,案卷号:7962 ,负责委员:赫苏斯·玛利亚·卡里略·巴耶斯特罗斯。

国务委员会,行政诉讼法庭,四处,2001 年 10 月 5 日判决,案卷号:12278 ,负责委员:胡安·安赫尔·帕拉西奥·因卡皮耶。

国务委员会,行政诉讼法庭,三处,1999 年 11 月 25 日判决,案卷号:12280 ,负责委员:玛利亚·埃莱娜·吉拉尔多·戈麦斯。

国务委员会,行政诉讼法庭,四处,2003 年 7 月 24 日判决,案卷号:13210 ,负责委员:玛利亚·伊内斯·奥迪斯·巴尔博萨。

国务委员会,行政诉讼法庭,一处,1998 年 6 月 11 日判决,案卷号:3897 ,负责委员:胡安·阿贝托·波罗·费格罗阿。

国务委员会,政府事务研究咨询庭,2003 年 7 月 31 日判决,案卷号:咨询 – 1499 ,负责委员:苏珊娜·蒙特斯·德·埃切韦里。

国务委员会,行政诉讼法庭,三处,2001 年 4 月 5 日判决,案卷号:3057 ,负责委员:里卡多·霍约斯·杜克。

国务委员会,行政诉讼法庭,三处,2003 年 10 月 9 日判决,案卷号:12094 ,负责委员:赫曼·罗德里格斯·威亚米萨尔。

国务委员会,行政诉讼法庭,四处,1996 年 1 月 26 日判决,案卷号:07571 ,负责委员:康苏埃罗·萨莉亚·欧。

第 40 条 天然气的进口、生产、运输、存放、使用须提前申请许可。

法条索引

2002 年第 1609 号法令

2011 年第 2100 号法令

2010 年第 2820 号法令对特定物品的进口许可进行了规定,包括受国际条约约束的部分气体的进口许可,如含氢氯氟烃;法令还对具有危险物质的气体存放条件进行了规定。因此有必要对本条法令做进一步分析。

相关判例

国务委员会,行政诉讼法庭,四处,18674 号判决,负责委员:卡门·特蕾莎·奥迪斯·德·罗德里格斯,案卷号:76001 – 23 – 31 – 000 – 2008 – 01 – 055 – 01,波哥大,2013 年 4 月 4 日。

第五章 关于人类和动物健康

第41条 为防止人类及动物疾病的出现、传播,哥伦比亚政府有权:

1. 宣布某项疾病在特定地区或全国范围出现,并认定疾病的流行强度。

2. 制定卫生及预防措施,根据疾病严重程度及传播危险采取一切合理措施。

法条索引

1979年第9号法第384条

1993年第51号法

1995年第240号法

1997年第375号法第1条

2007年第1141号法

安第斯共同体1998年第436号决定

1994年第1840号法令

1991年第1843号法令第1条、第7条、第22条

相关判例

国务委员会,行政诉讼法庭,一处,案卷号:68001-23-15-000-2002-00574-01,负责委员:玛利亚·克劳迪亚·罗哈斯·拉索,波哥大,2010年5月13日。

宪法法院1994年C-087号判决,案卷号:LAT-016,负责法官:豪尔赫·阿兰戈·梅西亚,波哥大,1994年3月3日。

宪法法院1996年C-332号判决,案卷号:LAT-060,负责法官:胡里奥·塞萨尔·奥迪斯,波哥大,1996年8月1日。

第二卷

关于可再生自然资源的权属、使用及环境影响

第一部分　一 般 规 定

第一章　关于可再生自然资源的所有权

第 42 条　哥伦比亚国境内可再生自然资源及其他受本法典约束的环境因素属于国家所有,关于可再生自然资源所有权的规定不影响个人合法权益及关于未开垦地的特别规定。

法条索引

《宪法》第 58 条、第 332 条

《民法典》第 674 条

1887 年第 153 号法

1974 年第 2811 号法令第 4 条、第 43 条

相关判例

宪法法院 1998 年 C－126 号判决,案卷号:D－1794,负责法官:阿雷杭德罗 · 马丁内斯 · 加帕耶罗,波哥大,1998 年 4 月 1 日。

宪法法院 2006 年 C－189 号判决,案卷号:D－5948,负责法官:罗德里戈 · 埃斯科瓦尔 · 吉尔,波哥大,2006 年 3 月 15 日。

宪法法院 1992 年 T－566 号判决,案卷号:D－3848,负责法官:阿雷杭德罗 · 马丁内斯 · 加帕耶罗,波哥大,1992 年 10 月 23 日。

第 43 条 可再生自然资源的私有产权应当具有社会功能性，符合哥伦比亚《宪法》关于社会功能的相关规定，受本法典及其他相关法律约束。

法条索引

《宪法》第 58 条、第 332 条

1887 年第 153 号法第 28 条

1974 年第 2811 号法令第 4 条、第 42 条

相关判例

宪法法院 1998 年 C－126 号判决指出，该法条具有合宪性。根据《宪法》第 58 条规定，可再生自然资源的私有产权应当根据该资源的生态功能受到约束和限制。

宪法法院 1998 年 C－126 号判决，案卷号：D－1794，负责法官：阿雷杭德罗·马丁内斯·加帕耶罗，波哥大，1998 年 4 月 1 日。

宪法法院 2006 年 C－189 号判决，案卷号：D－5948，负责法官：罗德里戈·埃斯科瓦尔·吉尔，波哥大，2006 年 3 月 15 日。

宪法法院 2007 年 T－760 号判决，案卷号：D－1398036，负责法官：克拉拉·伊内斯·巴尔加斯，波哥大，2007 年 9 月 25 日。

宪法法院 2012 年 C－364 号判决，案卷号：D－8795，负责法官：路易斯·艾内斯托·巴尔加斯·席尔瓦，波哥大，2012 年 5 月 16 日。

第二章 关于与可再生自然资源相关的行政行为

第 44 条 与国家和民众对自然资源和其他环境因素需求相关的项目和清单，由哥伦比亚国家规划局负责协调制定。

法条索引

1993 年第 99 号法第 1 条第 10 项，第 5 条第 3 项第 2 目、第 5 目

2011 年第 1450 号法第 202 条至第 207 条

2004 年第 195 号法令

相关判例

宪法法院 2011 年 C－240 号判决，案卷号：RE－191，负责法官：路易斯·艾内斯托·巴尔加斯·席尔瓦，波哥大，2011 年 4 月 1 日。

第 45 条 与可再生资源管理相关的行政行为应遵照如下规定：

1. 提倡在开采区域内对已开采的资源进行工业加工。获得哥伦比亚政府预先许可的官方机构，可直接在边境地区进行资源开采。哥伦比亚政府可设立鼓励和促进措施，推动私有企业在区域内进行勘探，行为应符合《宪法》、本法典及其他可适用法律的规定。

2. 根据国家需要对资源进行储备。为达成此目标，可对国有自然资源开采进行储备，或对私有资源进行定量供应，暂时禁止资源国内消耗或流出国境。

法条索引

2010 年第 2372 号法令

3. 利用一项或多项自然资源，或进行可能破坏自然资源、改变生态环境的活动时，应当根据本法典或发展计划中体现的优先原则，正确评估各种利用方式，在生态、经济和社会环境方面付出最小代价，获取最大效益。

法条索引

2012 年第 1640 号法令

4. 有关环境保护和可再生自然资源管理的规划必须与经济和社会发展的总体规划相结合，因此，在生态管理政策的应用、两种或多种竞争资源的使用或同一资源的不同用途之间存在竞争的情况下，应当遵守优先制度,对相应问题给予共同的关注,并寻求共同的解决方案。

法条索引

2012 年第 1640 号法令

5. 将国家按区域划分,并划定特别管控区,以确保环境及自然资源政策的发展。同样,将优先考虑在存在严重环境和资源管理问题的地区执行计划。

法条索引

《宪法》第 313 条

1993 年第 99 号法第 5 条第 31 项

1997 年第 388 号法

1996 年第 1791 号法令

2010 年第 2372 号法令

2012 年第 1640 号法令

6. 推进协会及民间组织的建立,研究人类社会与区域内可再生自然资源之间的关系,以实现资源的保护和合理利用。

法条索引

1993 年第 99 号法第 1 条第 10 项,第 4 条第 4 项、第 13 项,第 27 项第 3 目,第 109 条及第 110 条

1999 年第 1996 号法令

7. 通过各级别规划,确保经济发展必要性与环境和自然资源法规的实施相协调。

法条索引

《宪法》第 80 条

1993 年第 99 号法第 3 条

8. 确保可再生资源的开发高效实施,并与资源保护和集体利益相协调。

法条索引

1993 年第 99 号法第 5 条

第 46 条 如果需要为可再生资源的利用建设工程或者组织公共服务项目,每名产权人都应该根据估价支付其相应的税费。

法条索引

1993 年第 99 号法第 31 条第 25 款

相关判例

宪法法院 2003 年 C－155 号判决,案卷号:D－4079,负责法官:埃杜阿尔多·蒙特阿雷格雷·林内特,波哥大,2003 年 2 月 26 日。

国务委员会,行政诉讼法庭,四处, 案卷号:68001－23－31－000－2004－00819－01(18210);负责委员:卡门·特蕾莎·奥尔蒂兹·德·罗德里格斯,2012 年 10 月 11 日。

第三章 关于可再生自然资源的储备制度

第 47 条 在不损害第三方合法获得的权利或者不违反本法典特殊规定的前提下,在需要开展某项公共服务、推进资源和环境恢复、实施保护或维护计划,或者国家决定对资源进行开发时,可储备某地区的部分或全部的自然资源。

在储备期间,被储备的资源不可被特许使用或者授权给私人开发。

法条索引

1997 年第 399 号法第 12 条

1996 年第 1791 号法令第 4 条

2013 年第 1374 条法令

2013 年第 705 号决议

2013 年第 761 号决议

相关判例

宪法法院 1998 年 4 月 1 日 C-126-98 号判决宣布本条款具有合宪性,负责法官:阿雷杭德罗·马丁内斯·卡瓦耶罗。"但是这项工作只能由上诉人提交的职务对应人员进行,这也就是说,法律规定这些自然资源开发特许使用由谁负责。"

宪法法院 2011 年 C-276 号判决,案卷号:RE-204,负责法官:毛乌里西奥·刚萨雷斯·圭尔沃,波哥大,2011 年 4 月 12 日。

宪法法院 1995 年 C-305 号判决,案卷号:D-731、D-735,负责法官:阿雷杭德罗·马丁内斯·加帕耶罗,波哥大,1995 年 7 月 13 日。

第四章 优先事项

第 48 条 除了本卷规定的特殊条款,在决定利用各类自然资源的优先事项时应该考虑对环境保护的影响、对稀缺重要资源保持足够储备量的必要性,以及每个项目在经济、社会领域的效益和成本情况。

法条索引

1993 年第 99 号法第 1 条第 5 款

1976 年第 877 号法令第 1 条

2012 年第 1640 号法令

第 49 条 同一资源的不同利用及其许可、特许使用或者授权的相关优先事项应该提前确定,根据生态、经济和社会方面的需求,同时确定一般的优先事项和每个区域专门的优先事项。优先事项须将区域内居民的生存和生活需要,以及其经济和社会发展的需求考虑在内。

法条索引

1993 年第 99 号法第 1 条第 5 项

1976 年第 877 号法令第 1 条

2012 年第 1640 号法令

相关判例

宪法法院 1996 年 C－534 号判决宣布本条款具有合宪性,案卷号:D－1171,负责法官:法比奥·墨隆·迪亚兹,波哥大,1996 年 10 月 16 日。

第五章 获取公有可再生自然资源使用权利的方式

第一节 总 则

第 50 条 在不影响对每种资源的特殊规定的前提下,本章法规规定,个人获得公有可再生自然资源使用的不同方式和条件。

法条索引

《民法典》第 669 条、第 673 条、第 677 条、第 684 条、第 690 条、第 692 条、第 719 条

1974 年第 2811 号法令第 51 条至第 63 条

1978 年第 1541 号法令第 28 条至第 106 条

相关判例

宪法法院 2009 年 C－813 号判决，案卷号：D－7720，负责法官：豪尔赫·伊格纳西奥·普雷的特·查胡，波哥大，2009 年 11 月 18 日。

第 51 条 可再生自然资源的使用权利可以通过法律、许可、特许和协作获得。

法条索引

《民法典》第 669 条、第 673 条、第 677 条、第 684 条、第 690 条、第 692 条、第 719 条

1974 年第 2811 号法令第 51 条至第 63 条

1978 年第 1541 号法令第 28 条至第 106 条

2013 年第 3016 号法令

第 52 条 个人申请授权使用公有可再生自然资源，但以下法定特例情况除外，如资源已预留或授予他人使用，或申请未获研究许可，或该资源已由技术概念确定不可在其他新用途中应用。但是，若上述特例情况中，有申请者通过技术方式证明资源可用于其他用途，则需要在新研究基础上重新审核。

法条索引

《民法典》第 669 条、第 673 条、第 677 条、第 684 条、第 690 条、第 692 条、第 719 条

1978 年第 1541 号法令第 28 条至第 106 条

第二节 法律规定的用途

第 53 条 所有哥伦比亚境内的居民在不违反法律规定或不侵犯第三方权利的条件下，无须获得许可，均有权无偿使用公有自然资源，用于满足其个人、家庭及家畜的基本需求。

法条索引

1978 年第 1541 号法令第 32 条至第 35 条

第三节 许 可

第 54 条 限定范围内的临时使用，可申请公有可再生自然资源使用许可。

法条索引

《民法典》第 674 条、第 677 条

1978 年第 1541 号法令第 87 条至第 103 条

1981 年第 2858 号法令

第 55 条 许可时限根据资源的自然性、可用性、资源保护限制需要和投资的规模量级划定，时限不超过十年。对于许可时限短于十年的，可延长至上述最长期限。资源使用期满后，其他个人应同样获得重新申请使用该资源的权利。许可将授予能够确保公共利益的个人。期满后，个人不应因使用过程中取得的成就而要求保留资源。

法条索引

1978 年第 1541 号法令第 87 条至第 103 条

1979 年第 2151 号法令

1995 年第 948 号法令第 72 条

1996 年第 1791 号法令第 34 条

1997 年第 619 号决议

2013 年第 1376 号法令

第 56 条　应授予以未来自然资源使用研究为目的的工程项目相应的资源使用许可。在他人提出相同申请时,该研究只要不干扰已批准的用途,则同样可获得许可。

此类许可根据其研究性质,有效期为两年。

相关机构在其他申请许可方前具有许可优先权。同时,在研究许可有效期间,相关机构拥有许可的独享权,可以在许可有效期内完成研究。

当许可期限内相关研究受不可抗力影响时,许可期限可相应延长。

法条索引

1993 年第 99 号法第 1 条

1981 年第 2858 号法令

1994 年第 1600 号法令第 1 条、第 7 条、第 8 条、第 9 条、第 10 条

2013 年第 1376 号法令

2013 年第 3016 号法令第 1 条、第 7 条

相关判例

国务委员会,行政诉讼法庭,三处,编号:AP 25000232400020110022701,负责委员:恩里克·吉尔·博德罗,波哥大,2013 年 11 月 26 日。

宪法法院 1998 年 C－126 号判决宣布本条款具有合宪性,前提是法律允许关于自然资源开采的实体获得特许权。

第 57 条　第 56 条提及的获得许可的实体可提取已申请的资源作为样本,将必要体量的使用样本用于研究中。提取出的样本不可出现在各

种形式的贸易中。

同时,要求相应实体提交与用于研究的样本一致的另一份样本交至权威机构。如果样本为唯一样本,在研究完成后,在合理时间内应及时将样本交至上述机构。

若违反该条款,则即刻收回相关许可权。

法条索引

2013 年第 1376 号法令

2013 年第 3076 号法令第 1 条、第 2 条、第 3 条、第 4 条

第 58 条 在该研究许可有效期内,不可另行颁发相同性质的许可,该实体用于其他目的的研究许可除外。该许可也不可转让给第三方使用。

相关判例

国务委员会,行政诉讼法庭,三处,编号:AP 25000232400020110022701,负责委员:恩里克·吉尔·博德罗,波哥大,2013 年 11 月 26 日。

第四节 特 许 权

第 59 条 特许权在满足法律规定的条件下授予,并在各类资源规定的特例之外,受本章规定条款限制。

法条索引

1978 年第 1541 号法令第 36 条至第 86 条

2004 年第 155 号法令第 4 条

相关判例

宪法法院 1995 年 T－379 号判决，案卷号：T－61500，负责法官：安东尼奥·巴雷拉·卡尔波奈尔，波哥大，1995 年 8 月 28 日。

宪法法院 1996 年 C－250 号判决，案卷号：T－1064，负责法官：埃尔南多·埃雷拉·贝尔加拉，波哥大，1996 年 6 月 6 日。

宪法法院 1997 年 C－028 号判决，案卷号：OP－012，负责法官：阿雷杭德罗·马丁内斯·加帕耶罗，波哥大，1997 年 1 月 30 日。

宪法法院 1997 年 C－647 号判决，案卷号：D－1724，负责法官：法布罗·马龙·迪亚斯，波哥大，1997 年 12 月 3 日。

国务委员会，行政诉讼法庭，一处，案卷号：5210，负责委员：胡安·阿尔伯托·波罗·费格罗阿，2000 年 1 月 27 日。

第 60 条　特许权授予期限须考虑授予特许权的经济活动的性质和期限。同时，授予的期限还须考虑是否能满足获特许方拥有足够掌控资源的时间以实现经济、社会层面的收益。

法条索引

1978 年第 1541 号法令第 36 条至第 86 条

相关判例

宪法法院 1998 年 C－126 号判决宣布本条款具有合宪性，前提是法律允许关于自然资源开采的实体获得特许权。

宪法法院 1995 年 T－379 号判决，案卷号：T－61500，负责法官：安东尼奥·巴雷拉·卡尔波奈尔，波哥大，1995 年 8 月 28 日。

宪法法院 1996 年 C－250 号判决，案卷号：T－1064，负责法官：埃尔南多·埃雷拉·贝尔加拉，波哥大，1996 年 6 月 6 日。

宪法法院 1997 年 C－028 号判决，案卷号：OP－012，负责法官：阿雷杭德罗·马丁内斯·加帕耶罗，波哥大，1997 年 1 月 30 日。

宪法法院 1997 年 C－647 号判决，案卷号：D－1724，负责法官：法布罗·马龙·迪亚斯,波哥大,1997年12月3日。

第61条 特许权的决议或合同须包含以下内容:

1. 申请特许权的资源或资产的具体描述。

2. 特许权人的财务费用和其形式可做周期性修改。

3. 特许权人应尽的义务,包括不应破坏环境、毁坏资源的义务等。

4. 未履行要求应执行的强制措施。

5. 特许权期限相关条款。

6. 特许权内涉及的资产归还的相关条款。

7. 特许期满或撤销该决议的相关条款。

8. 确保特许权人履行其担保的义务,特别是资源的补足或恢复义务。

法条索引

1978年第1541号法令第36条至第86条

相关判例

宪法法院1998年C-126号判决宣布本条款具有合宪性,前提是法律允许关于自然资源开采的实体获得特许权。

宪法法院1995年T-379号判决,案卷号:T-61500,负责法官:安东尼奥·巴雷拉·卡尔波奈尔,波哥大,1995年8月28日。

宪法法院1996年C-250号判决,案卷号:T-1064,负责法官:埃尔南多·埃雷拉·贝尔加拉,波哥大,1996年6月6日。

宪法法院1997年C-028号判决,案卷号:OP-012,负责法官:阿雷杭德罗·马丁内斯·加帕耶罗,波哥大,1997年1月30日。

第62条 除法律规定的其他条款外,有关特许期满的一般条款包括:

1. 资源使用权的转让,在无特权授予方批准的情况下将使用权转让给第三方。

2. 特许权用途与决议或合同中规定的用途不同。

3. 特许权人未遵守约定或规定的条件。

4. 严重或屡次违反关于资源保护的规定,除经验证过的不可抗力外,未在事件发生后十五天内告知。

5. 特许权两年内未使用。

6. 所申请的资源不断减少或已枯竭。

7. 涉及公共服务的组织,受特许权人影响,延迟或暂停超过三个月的。

8. 在特许权决议或合同中明确规定的其他条款。

法条索引

1978 年第 1541 号法令第 36 条至第 86 条

相关判例

宪法法院 1998 年 C－126 号判决宣布本条款具有合宪性,前提是法律允许关于自然资源开采的实体获得特许权。

宪法法院 1995 年 T－379 号判决,案卷号: T－61500,负责法官:安东尼奥·巴雷拉·卡尔波奈尔,波哥大,1995 年 8 月 28 日。

宪法法院 1996 年 C－250 号判决,案卷号:T－1064,负责法官:埃尔南多·埃雷拉·贝尔加拉,波哥大,1996 年 6 月 6 日。

第 63 条 如申请方未要求延期特许权,特许期满将不做特殊声明。

法条索引

1978 年第 1541 号法令第 36 条至第 86 条

相关判例

宪法法院 1995 年 T－379 号判决,案卷号: T－61500,负责法官:

安东尼奥·巴雷拉·卡尔波奈尔,波哥大,1995 年 8 月 28 日。

宪法法院 1996 年 C－250 号判决,案卷号:T－1064,负责法官:埃尔南多·埃雷拉·贝尔加拉,波哥大,1996 年 6 月 6 日。

第六章 关于可再生自然资源使用权的登记、普查及表示

第一节 登记与普查

第 64 条 公有自然资源的使用许可、授权和特许按主项进行分类登记后方可生效。

法条索引

1978 年第 1541 号法令第 257 条至第 265 条

1978 年第 1608 号法令第 26 条

2010 年第 3930 号法令第 74 条

2012 年第 303 号法令

第 65 条 私人所有土地内的水与森林资源须纳入普查范围。资源所有者有义务将所拥有资源的使用权利进行申报。若未完成申报,则根据法律规定,将执行对应的强制及制裁措施直至完成申报。

法条索引

1978 年第 1541 号法令第 257 条至第 265 条

2010 年第 3930 号法令第 74 条

2012 年第 303 号法令

第二节 地 图 表 示

第 66 条 根据资源类别和地域,对第一节规定的权利对象和公有可再生自然资源进行地图表示。

法条索引

1978 年第 1541 号法令第 264 条、第 265 条

第七章 满足社会利益或公共用途的可再生自然资源的私有及使用限制与约束

第一节 限制、约束及地役

第 67 条 当某类资源在使用过程形成公共用途或产生社会利益时,对于任何需要使用这类资源的集体或个人,根据法律都须对涉及的私有财产进行限制性约束。无论是自愿接受的限制约束还是强制性判决或决议,在不影响本法典关于登记制度规定的情形下,都应在公共机构的对应办公室进行登记,并可以请求警察当局协助执行关于所有权或地役权的限制。

法条索引

《民法典》第 760 条、第 898 条、第 920 条、第 937 条、第 942 条

《商法典》第 879 条

1996 年第 1996 号法令

相关判例

宪法法院 1996 年 T-375 号判决,案卷号:T-94271,负责法官:爱德华多·西福恩特·穆乐思,波哥大,1996 年 8 月 20 日。

宪法法院2008年T－221号判决，案卷号：T－1772110，负责法官：哈梅·阿劳乌霍·任特里亚，波哥大，2008年3月4日。

第68条　公有可再生自然资源的特许权人或使用许可持有人，有义务无偿接受法律或协议规定的，以社会利益或公共用途为目的对其利用资产带来的限制、地役及其他约束。

法条索引

《民法典》第760条、第898条、第920条、第937条及第942条

《商法典》第879条

1996年第1996号法令

相关判例

宪法法院1996年T－375号判决，案卷号：T－94271，负责法官：爱德华多·西福恩特·穆乐思，波哥大，1996年8月20日。

宪法法院2008年T－221号判决，案卷号：T－1772110，负责法官：哈梅·阿劳乌霍·任特利亚，波哥大，2008年3月4日。

第二节　因保护自然资源所获取的资产

第69条　出于如下目的，可获取需要的私有财产以及公共实体所有的财产：

1. 灌区的建造、改迁以及扩建，抗洪工程的建造，排水及其他连接工程的建造，用于资源使用方运营和维护的必要工程建设。

法条索引

1993年第41号法

2. 对水利工程建设所必需的河床、采石场、矿区、油田等区域的利用。

3. 水域环境的保护和治理。

法条索引

1993 年第 99 号法第 27 条、第 31 条、第 43 条第 1 段与第 111 段

2011 年第 1450 号法第 210 条

1978 年第 1541 号法令

2006 年第 1900 号法令

2012 年第 1640 号法令

2013 年第 953 号法令

相关判例

宪法法院 2011 年 C－259 号判决，案卷号：D－8255，负责法官：路易斯·埃内斯托·瓦尔加斯·席尔瓦，波哥大，2011 年 4 月 26 日。

宪法法院 1993 年 C－216 号判决，案卷号：D－218，负责法官：何塞·格雷格里奥·埃尔南德斯·加林多，波哥大，1993 年 6 月 9 日。

4. 安装设置水源供应、管控及软化的设施。

法条索引

1993 年第 99 号法第 43 条

1978 年第 1541 号法令

2013 年第 953 号法令

5. 水利资源与私有水利工程的有效利用。

法条索引

1997 年第 373 号法

1978 年第 1541 号法令

6. 对水资源的保护及对水污染的控制。

法条索引

1979 年第 9 号法

1978 年第 1541 号法令

1979 年第 1875 号法令

2010 年第 3930 号法令

相关判例

宪法法院 2012 年 T－188 号判决，案卷号：T－3257343，负责法官：路易斯·胡贝尔托·希艾拉·波尔图，波哥大，2012 年 3 月 9 日。

7. 与水资源使用相关的公共服务的开展、改善、恢复和保护，如供水、排污和发电等。

法条索引

1993 年第 99 号法第 111 条

1994 年第 142 号法第 160 条至第 166 条

2012 年第 1640 号法令

2013 年第 953 号法令

8. 关键区域的土地的保护和修复。

第 70 条 对于供应给部分人口的水资源的处理、储存和引流设施或相应的污水处理设备，为达到有效控制或避免产生污染的目的，允许在必要的延伸范围内获得相邻的土地。

法条索引

1979 年第 9 号法

1993 年第 99 号法第 111 条

1994 年第 142 号法

1978 年第 1541 号法令

2010 年第 3930 号法令

2013 年第 953 号法令

相关判例

宪法法院 2012 年 T－504 号判决，案卷号：T－3385864，负责法官：豪尔赫·伊万·帕莱西奥·帕莱西奥，波哥大，2012 年 7 月 5 日。

第 71 条　依据国家《宪法》第 30 条第 3 段规定，在第 69 条、第 70 条规定的具体目的下，需要声明资源使用的公共用途和其社会利益。

法条索引

1994 年第 142 号法

相关判例

宪法法院 1996 年 T－087 号判决，案卷号：T－82192，负责法官：弗拉迪米罗·纳兰霍·梅萨，波哥大，1996 年 3 月 1 日。

宪法法院 2007 年 C－381 号判决，案卷号：D－6769，负责法官：哈梅·科尔多瓦·特里维诺，波哥大，2007 年 10 月 10 日。

第 72 条　本章所规定的条款不适用于哥伦比亚土地改革研究所项目所需的土地征用及土地改良。

第二部分　关于大气环境及大气空间

第73条　政府有义务维持大气环境的现状，确保不妨碍、损害或干扰人类和动植物的生存和可再生自然资源的正常发展。

法条索引

1979 年第 9 号法第 41 条至第 49 条
2008 年第 1205 号法
1995 年第 948 号法令
1995 年第 2107 号法令
2006 年第 979 号法令
1995 年第 898 号决议
1997 年第 619 号决议
2006 年第 627 号决议
2007 年第 1652 号决议
2008 年第 909 号决议
2008 年第 910 号决议
2009 年第 426 号决议
2010 年第 610 号决议
2010 年第 651 号决议
2010 年第 650 号决议
2010 年第 2154 号决议

2010 年第 2153 号决议
2010 年第 760 号决议
2010 年第 1309 号决议
2012 年第 2329 号决议
2012 年第 1632 号决议
2013 年第 1541 号决议
2013 年第 171 号决议
2013 年第 1111 号决议
2013 年第 3768 号决议

相关判例

宪法法院 2013 年 T－154 号判决，案卷号:T－2550727，负责法官:尼尔森·皮尼亚·P.，波哥大,2013 年 3 月 21 日。

宪法法院 2010 年 T－203 号判决，案卷号:T－2457464，负责法官:尼尔森·皮尼亚·P.，波哥大,2010 年 3 月 23 日。

宪法法院 1995 年 T－220 号判决，案卷号:T－51933，负责法官:弗拉迪米罗·纳兰霍·梅萨,波哥大,1995 年 5 月 17 日。

宪法法院 2008 年 T－1047 号判决，案卷号:T－1952573，负责法官:毛里西奥·冈萨雷斯·奎沃,波哥大,2008 年 10 月 24 日。

宪法法院 2009 年 T－166 号判决，案卷号:T－2021325，负责法官:毛里西奥·冈萨雷斯·奎沃,波哥大,2009 年 3 月 17 日。

第 74 条 当大气中的粉尘、蒸汽、气体、射气等各类可能对于整体环境及其组成部分造成疾病、损害及干扰的物质的排放超过了规定的水平或级别时,将采取限制或禁止措施。

法条索引

1979 年第 9 号法第 41 条至第 49 条
2008 年第 1205 号法

1995 年第 948 号法令
1995 年第 2107 号法令
2006 年第 979 号法令
1995 年第 898 号决议
1997 年第 619 号决议
2007 年第 1652 号决议
2008 年第 909 号决议
2008 年第 910 号决议
2009 年第 426 号决议
2010 年第 610 号决议
2010 年第 760 号决议
2010 年第 1309 号决议
2012 年第 1632 号决议
2012 年第 2329 号决议
2013 年第 1541 号决议
2013 年第 171 号决议
2013 年第 1111 号决议
2013 年第 3768 号决议

相关判例

宪法法院 2013 年 T－154 号判决，案卷号：T－2550727，负责法官：尼尔森·皮尼亚·P.，波哥大，2013 年 3 月 21 日。

宪法法院 2010 年 T－203 号判决，案卷号：T－2457464，负责法官：尼尔森·皮尼亚·P.，波哥大，2010 年 3 月 23 日。

国务委员会，行政诉讼法庭，一处，编号：AP 11001032400020040027201，负责委员：玛利亚·克劳迪娅·罗哈斯·拉索，波哥大，2013 年 5 月 2 日。

第 75 条 为预防大气污染，将从以下方面作出规定：

1. 作为人类及动植物健康必不可少的空气,保障其应有的空气质量。

法条索引

1979 年第 9 号法第 41 条至第 49 条

1995 年第 948 号法令

2010 年第 610 号决议

2010 年第 650 号决议

2013 年第 1541 号决议

相关判例

宪法法院 1995 年 T-220 号判决,案卷号:T-51933, 负责法官:弗拉迪米罗·纳兰霍·梅萨,波哥大,1995 年 5 月 17 日。

宪法法院 1999 年 T-046 号判决,案卷号:T-183139,负责法官:埃尔南多·赫雷拉·维尔加拉,波哥大,1999 年 1 月 29 日。

2. 分离或聚合物质汇聚的允许范围,根据其可能对资产和人类、动植物健康的影响和破坏程度决定。

法条索引

1979 年第 9 号法第 41 条至第 49 条

2006 年第 979 号法令

2009 年第 426 号决议

2008 年第 909 号决议

2008 年第 910 号决议

2013 年第 1541 号决议

2013 年第 171 号决议

2013 年第 1111 号决议

2012 年第 2329 号决议

2007 年第 1652 号决议

相关判例

宪法法院2013年T-154号判决,案卷号:T-2550727,负责法官:尼尔森·皮尼亚·P. ,波哥大,2013年3月21日。

宪法法院2010年T-203号判决,案卷号:T-2457464,负责法官:尼尔森·皮尼亚·P. ,波哥大,2010年3月23日。

国务委员会,行政诉讼法庭,一处,编号:AP 11001032400020040027201,负责委员:玛利亚·克劳迪娅·罗哈斯·拉索,波哥大,2013年5月2日。

3. 用于阻止和抗击大气污染的最适宜的方式。

法条索引

1979年第9号法第41条至第49条

1995年第948号法令

2010年第760号决议

2010年第1309号决议

2010年第650号决议

2012年第1632号决议

4. 以能源为源头形成的大气污染,包括飞机和其他飞行器产生的污染。

法条索引

1995年第948号法令第4条b)款,第19条、第25条、第26条、第36条、第73条g)款

1995年第2107号法令第1条、第3条及第7条

2006年第979号法令

2006年第653号决议

2008年第910号决议

2013年第3768号决议

5. 若汽车或其他交通工具的进口、组装、生产、流通对污染气体、噪音和其他污染源控制的环境保护产生影响，则应限制或禁止相应行为。

法条索引

1995 年第 948 号法令第 53 条、第 61 条、第 63 条及第 91 条至第 93 条

2008 年第 910 号决议

2013 年第 1111 号决议

6. 车辆在污染十分严重的区域内的流通。

法条索引

1995 年第 948 号法令第 53 条、第 61 条、第 63 条及第 91 条至第 93 条

2008 年第 910 号决议

7. 采取适宜的减少排放的方法，将排放量降至合理水平。

法条索引

2008 年第 909 号决议

2008 年第 910 号决议

2010 年第 1309 号决议

2012 年第 1632 号决议

相关判例

国务委员会，行政诉讼法庭，一处，编号：AP 11001032400020040027201，负责委员：玛利亚·克劳迪娅·罗哈斯·拉索，波哥大，2013 年 5 月 2 日。

8. 建立采样站或网络以定位空气污染源并检测其当前或潜在的危险。

法条索引

1995 年第 948 号法令
2010 年第 651 号决议
2010 年第 650 号决议
2010 年第 2154 号决议
2010 年第 2153 号决议
2010 年第 760 号决议
2010 年第 760 号决议

第 76 条 通过教育项目的方式告知人民用火烧形式清理土地的危害性,并向人民提供技术支持以改变相应做法。在支持上述形式的区域,若在已要求停止使用相应方法的情况下仍坚持原来的做法,涉事方将受到处罚。

第三部分　关于非海洋水域

第一章　总　　则

第一节　相 关 规 定[1]

第 77 条　本部分法规对淡水资源在如下状态和形式中的利用作出规定：

1. 气象水，即来自大气层的水资源。
2. 来源于自然降雨或人造雨的水资源。
3. 流经自然沟渠或人造沟渠的表层水流。
4. 自然形成或人工改建的湖泊、沼泽、潟湖和水库内的水资源。
5. 土壤水。
6. 地下水。
7. 河床底的水源。
8. 雪水与冰川水。
9. 已使用过的或受污染的水源。

---

〔1〕 本节原文无标题，该节标题为译者根据本节内容补充。

法条索引

1979 年第 9 号法第 51 条至第 79 条

1974 年第 2811 号法令第 78 条、第 80 条等

1978 年第 1541 号法令第 5 条

2010 年第 3930 号法令第 3 条

第 78 条 除气象水与地下水之外,其他水资源均被视为地表水。地表水包括贮存在各类自然和人造环境中的水源,如湖泊、潟湖、湿地、池塘、沼泽、水堰、水库等,以及各类流动在人造或自然河道内的水流。

法条索引

1978 年第 1541 号法令第 179 条

2010 年第 3930 号法令第 3 条

第 79 条 矿物质水和药用水是指在液体内含可用于工业或医药行业的水源。

法条索引

1978 年第 1541 号法令第 179 条

第二节 关于水域及河床的归属

第 80 条 在不影响依法取得个人权利的情况下,水资源应为公共使用资源,这是不可被剥夺且不可被侵犯的权利。

在本法典中,水资源若被提及时未作额外定义,则均被理解为公用的水资源。

法条索引

《宪法》第 58 条、第 63 条

《民法典》第 677 条

1994 年第 142 号法第 56 条、第 14 条第 20 款及第 21 款

1978 年第 1541 号法令第 4 条及第 7 条

1983 年第 222 号法令第 108 条

相关判例

宪法法院 T-379/95 号判决,负责法官:安东尼奥·巴雷拉·卡尔波内尔,1995 年 8 月 28 日。

国务委员会,行政诉讼法庭,一处,编号:73001-23-31-000-2000-00932-01,负责委员:玛利亚·伊丽莎白·加西亚·冈萨雷斯,波哥大,2011 年 9 月 15 日。

第 81 条 根据《民法典》第 677 条,水落至地表并蒸发或消失在地表之下的过程被视为水在此土地内的循环。

法条索引

《民法典》第 677 条

1978 年第 1541 号法令第 4 条、第 18 条、第 19 条

相关判例

宪法法院 T-572/94 号判决,负责法官:阿雷杭德罗·马丁内斯·加帕耶罗,波哥大,1994 年 12 月 9 日。

国务委员会,行政诉讼法庭,一处,编号:73001-23-31-000-2000-00932-01,负责委员:玛利亚·伊丽莎白·加西亚·冈萨雷斯,波哥大,2011 年 9 月 15 日。

第 82 条 本法典生效之后,除不可抗力外,若连续三年未使用水资源,将依法取消水资源的私人所有权。

私人所有权的消灭需要在法律规定的行政诉讼范围内作出行政决定。

法条索引

1978 年第 1541 号法令第 4 条、第 18 条、第 27 条及第 287 条第4 点

第 83 条 除了个体所获得的权利外,国家不可剥夺且不可侵犯的资源财产包括但不限于:

水流流经的自然河道;

可储水的自然河床;

河流、湖泊和海岸的滩涂;

同最大潮水线或河流湖泊岸边平行,最大不超过三十米宽的区域带;

冰川流域以及积雪覆盖区域;

地下水贮存层。

法条索引

《宪法》第 58 条、第 63 条

1997 年第 388 号法第 10 条及第 101 条

1994 年第 160 号法第 69 条

2011 年第 1450 号法第 206 条

1977 年第 1449 号法令第 3 条

1978 年第 1541 号法令第 14 条、第 182 条、第 257 条

1998 年第 1504 号法令第 5 条

2013 年第 1465 号法令

相关判例

国务委员会,行政诉讼法庭,一处,编号:11001 – 03 – 32 – 000 – 2000 – 6306 – 01(6306),负责委员:加布里埃·爱德华多·门多萨·马尔德罗,波哥大,2002 年 9 月 12 日。

国务委员会,行政诉讼法庭,一处,编号:73001 – 23 – 31 – 000 – 2000 – 00932 – 01,负责委员:玛利亚·伊丽莎白·加西亚·冈萨雷斯,波哥大,2011 年 9 月 15 日。

国务委员会，行政诉讼法庭，三处，编号：44001 - 23 - 31 - 000 - 1992 - 0096 - 01（12492），负责委员：阿里尔·爱德华多·埃尔南德斯·恩里奎斯，波哥大，2002 年 9 月 26 日。

第 84 条 荒地的划定不包括水资源、河道的所有权及第 83 条提及的归属公用的资产。

法条索引

1978 年第 1541 号法令第 16 条

第 85 条 除已取得的使用权外，国家保留矿物质水和温泉水的所有权。其使用将根据规章制定的要求进行。

法条索引

1978 年第 1541 号法令第七章第三节

第二章 关于获取水资源使用权利的方式

第一节 相关法规

第 86 条 在不对第三方造成危害的情况下，所有公民均有权使用公用水资源，用于满足个人、家庭及家畜的基本需要。

水资源使用过程中，不应采取各类可能影响第三方使用的措施，如修建支流、使用机械设备、阻断或改动水道、破坏河道或流经区域沿岸，以及破坏或污染水资源等。

若行使资源使用权过程中需要经过第三方土地，则应履行相应的地役。

法条索引

《民法典》第 674 条、第 677 条、第 678 条及第 892 条

1974 年第 2811 号法令第 53 条及第 87 条

1978 年第 1541 号法令第 4 条、第 17 条、第 32 条及第 35 条

第 87 条 相关法规同样适用于私有水资源的日常使用。

法条索引

1974 年第 2811 号法令第 51 条、第 53 条及第 148 条

1978 年第 1541 号法令第 32 条、第 33 条、第 34 条及第 143 条

第二节 关于特许权

第一小节 具体要求及时限

第 88 条 除特殊条款外,水资源的利用均遵循特许规定。

法条索引

1978 年第 1541 号法令第 30 条及第 36 条

相关判例

宪法法院 C－126－98 号判决宣布本条款具有合宪性,负责法官:阿雷杭德罗·马丁内斯·加帕耶罗,1998 年 4 月 1 日。

宪法法院 T－379/95 号判决,负责法官:安东尼奥·巴雷拉·卡尔波奈尔,波哥大,1995 年 8 月 28 日。

第 89 条 水资源利用的特许权取决于资源自身可用性及申请方的具体需求。

法条索引

1978 年第 1541 号法令第 37 条

相关判例

宪法法院 C－126－98 号判决宣布本条款具有合宪性,负责法官:阿雷杭德罗·马丁内斯·加帕耶罗,1998 年 4 月 1 日。

国务委员会,行政诉讼法庭,一处,编号:2534,波哥大,1994 年 11 月 10 日。

第二小节　授予特许的优先权

第 90 条　授予水资源特许使用的优先权适用本法典的规定。

法条索引

1978 年第 1541 号法令第 41 条及第 42 条

相关判例

宪法法院 C－126－98 号判决宣布本条款具有合宪性,负责法官:阿雷杭德罗·马丁内斯·加帕耶罗,1998 年 4 月 1 日。

第 91 条　在水资源短缺、干旱等类似情况下,原定的水资源提供量及原先制定的特许优先顺序可作出改变。

法条索引

1978 年第 1541 号法令第 42 条

相关判例

宪法法院 C－126－98 号判决宣布本条款具有合宪性,负责法官:阿雷杭德罗·马丁内斯·加帕耶罗,1998 年 4 月 1 日。

国务委员会 2004 年 2 月 26 日判决,案卷号:2000－00369－01,负

责委员:奥尔加·伊内斯·纳瓦莱特·巴雷罗。

第三小节 相关标准和条件

第92条 水资源的使用特许权须涵盖的特殊条件包括:保护水资源,保证水资源以及资源周边区域的便利使用,水资源利用所能达到的社会利益和公共价值。

但在满足公共利益的特殊情况下,如有需要改变水资源使用的优先顺序或环境遭到破坏的情况,特许批准方可以通过行政决议,在法律规定的争议行政诉讼过程中,修改特许内的条款。

法条索引

1974年第2811号法令第88条至第91条、第93条至第98条及第133条

1978年第1541号法令第41条至第43条及第50条

2010年第3930号法令第三章、第四章

相关判例

宪法法院T-379/95号判决,负责法官:安东尼奥·巴雷拉·卡尔波内尔,波哥大,1995年8月28日。

国务委员会6264号判决,负责委员:胡安·阿尔伯托·波罗·费格罗阿,2000年8月3日。

国务委员会,行政诉讼法庭,一处,编号:25000-23-23-000-20001-00833-01,负责委员:玛利亚·克劳迪娅·罗哈斯·拉索,波哥大,2012年2月9日。

第93条 特许权的授予不影响同一源头或流域的水资源按规定分配给优先顺序靠后的申请方。

法条索引

1974 年第 2811 号法令第 88 条、第 90 条、第 91 条、第 92 条、第 94 条等

1978 年第 1541 号法令第 45 条、第 65 条及第 107 条等

2010 年第 3930 号法令第 5 条第 3 款、第 4 款,第 6 条第 11 款、第 13 款,第 8 条

相关判例

宪法法院 C－126－98 号判决宣布本条款具有合宪性,负责法官:阿雷杭德罗·马丁内斯·加帕耶罗,1998 年 4 月 1 日。

国务委员会,行政诉讼法庭,一处,编号:25000－23－23－000－20001－00833－01,负责委员:玛利亚·克劳迪娅·罗哈斯·拉索,波哥大,2012 年 2 月 9 日。

第 94 条　若特许权人希望更改特许内的条款,须先获得授予方的批准。

法条索引

1974 年第 2811 号法令第 88 条至第 93 条、第 95 条等

1978 年第 1541 号法令第 49 条

相关判例

宪法法院 C－126－98 号判决宣布本条款具有合宪性,负责法官:阿雷杭德罗·马丁内斯·加帕耶罗,1998 年 4 月 1 日。

国务委员会,行政诉讼法庭,一处,编号:25000－23－23－000－20001－00833－01,负责委员:玛利亚·克劳迪娅·罗哈斯·拉索,波哥大,2012 年 2 月 9 日。

第 95 条　特许权者可将特许内全部或部分权利转让给他人。

特许也可在法律规定范围内,出于公共使用和社会利益而被收回。

法条索引

1978 年第 1541 号法令第 10 条

相关判例

宪法法院 C－126－98 号判决宣布本条款具有合宪性,负责法官:阿雷杭德罗·马丁内斯·加帕耶罗,1998 年 4 月 1 日。

国务委员会,行政诉讼法庭,一处,编号:25000－23－23－000－20001－00833－01,负责委员:玛利亚·克劳迪娅·罗哈斯·拉索,波哥大,2012 年 2 月 9 日。

第四小节 获取特许权的流程

第 96 条 土地所有者或产业拥有者可以申请水资源特许使用。申请者也可用资产所有者的名义获得水资源特许使用。

法条索引

1974 年第 2811 号法令第 88 条至第 94 条、第 97 条至第 98 条

1978 年第 1541 号法令第 44 条至第 53 条

相关判例

宪法法院 C－126－98 号判决宣布本条款具有合宪性,负责法官:阿雷杭德罗·马丁内斯·加帕耶罗,1998 年 4 月 1 日。

第 97 条 为获得特许使用,需要提供:

1. 登记注册记录。

2. 水利工程方对于特许使用的批准。

法条索引

1978 年第 1541 号法令第 64 条

相关判例

宪法法院 C－126－98 号判决宣布本条款具有合宪性，负责法官：阿雷杭德罗·马丁内斯·加帕耶罗，1998 年 4 月 1 日。

第三节　其他可获得水资源使用权的方式

第 98 条　获得水资源使用权利的方式遵循公有自然资源使用的规定。

法条索引

《民法典》第 677 条

1974 年第 2811 号法令第 88 条至第 97 条、第 99 条等

第三章　关于河道、河滩、河床的开采与占用

第一节　开　　采

第 99 条　个体如需采掘河道、河床或贮水区的冲刷物，如石料、砂砾、碎石等，需要获得相应许可。

同样，如需采掘河道、流域或贮水区的冲刷物用于官方部门建设公共设施，也需要相应的授权。

法条索引

1974 年第 2811 号法令第 100 条等

1978 年第 1541 号法令第 87 条至第 103 条及第 233 条

2012 年第 1640 号法令

2013 年第 1120 号法令

2013 年第 1465 号法令

相关判例

宪法法院 C－221/97 号判决，案卷号：D－1458，负责法官：阿雷杭德罗·马丁内斯·加帕耶罗，波哥大，1997 年 4 月 29 日。

第 100 条 对于河道、河床或河流湖泊的采掘工作，在未获得承担河道河床保护工作的实体先行批准的情况下，不可授予其相应的特许权。

法条索引

2001 年第 685 号法第 11 条、第 12 条及第 64 条

1974 年第 2811 号法令第 9 条等

1978 年第 1541 号法令第 87 条至第 103 条及第 233 条

相关判例

宪法法院 C－339/02 号判决，负责法官：哈梅·阿劳乌霍·任特利亚，波哥大，2002 年 5 月 7 日。

宪法法院 C－891/02 号判决，负责法官：哈梅·阿劳乌霍·任特利亚，波哥大，2002 年 10 月 22 日。

宪法法院 C－395/12 号判决，负责法官：加布里埃·爱德华多·门多萨·马尔德罗，波哥大，2012 年 5 月 30 日。

宪法法院 T－243/94 号判决，负责法官：埃尔南多·埃雷拉·贝尔加拉，波哥大，1994 年 5 月 20 日。

第 101 条 开采项目若对人民和公共工程或服务造成损害或严重威胁，开采项目将被临时或完全中止。

法条索引

1974 年第 2811 号法令第 99 条、第 100 条、第 102 条等

1978 年第 1541 号法令

第二节 占 用

第 102 条 如需在流域或贮水区建造工程，需要申请相应审批。

法条索引

1974 年第 2811 号法令第 99 条至第 101 条、第 103 条至第 105 条

1978 年第 1541 号法令第 104 条

第 103 条 如需在河流湖泊或其他公共领域的贮水区建设旅游、娱乐或体育服务设施，需要相应的特许或合伙关系证明。

法条索引

1974 年第 2811 号法令第 99 条至第 102 条、第 104 条、第 105 条

1978 年第 1541 号法令第 105 条

第 104 条 滩涂区域的永久占用仅限于以导航为目的的使用。该类区域的临时使用除日常所需的捕鱼活动外，均须另外获得许可。

法条索引

1978 年第 1541 号法令第 104 条等

2013 年第 1465 号法令

相关判例

国务委员会，行政诉讼法庭，一处，编号：5255，负责委员：里巴尔多·罗德里格斯·罗德里格斯，波哥大，1999 年 7 月 6 日。

第 105 条 本章第一节的规定同样适用于对河岸和贮水区的占用行为。

法条索引

1974 年第 2811 号法令第 99 条至第 104 条

1978 年第 1541 号法令第 104 条等

第四章 关于地役权

第一节 总 则

第 106 条 私人利益的地役须遵循《民法典》、民事诉讼程序及本章所规定的特殊规范。

法条索引

2012 年第 1564 号法第 376 条

《民法典》第 879 条等

1974 年第 2811 号法令第 107 条

1978 年第 1541 号法令第 136 条

相关判例

宪法法院 C－126－98 号判决宣布本条款具有合宪性，负责法官：阿雷杭德罗·马丁内斯·加帕耶罗，1998 年 4 月 1 日。

第二节 关于导水地役权

第 107 条 如需使用有水资源利用权的私人水渠用作地役，需要确定会被地役所影响的区域、相应工程的标准以及与该地役实施相关的其他形式。这些内容须根据《民事诉讼法典》与该问题相关的其他条款，由必须承担地役的土地所有者、产权所有者个体以及会从中获利的个人提前确定。

若有必要对现已施行的地役进行修改，可同样通过上述方法进行。

法条索引

2012 年第 1564 号法第 376 条

1978 年第 1541 号法令第 115 条、第 125 条及第 136 条

相关判例

宪法法院 C－126－98 号判决宣布本条款具有合宪性，负责法官：阿雷杭德罗・马丁内斯・加帕耶罗，1998 年 4 月 1 日。

国务委员会，行政诉讼法庭，一处，编号：20001－23－31－000－1999－00869 01（7975），负责委员：卡米洛・阿尔西聂加・安德拉德，波哥大，2004 年 7 月 21 日。

国务委员会，行政诉讼法庭，一处，编号：2534，负责委员：里巴尔多・罗德里格斯・罗德里格斯，波哥大，1994 年 11 月 10 日。

宪法法院 T－375/96 号判决，案卷号：T－94271，负责法官：爱德华多・西福恩特・穆乐思，波哥大，1996 年 8 月 20 日。

最高法院，民事农业上诉法庭，编号：8278，负责法官：豪尔赫・桑托斯・巴耶斯特罗斯，波哥大，2000 年 2 月 17 日。

第三节　关于排水地役权

第 108 条　所有土地均须承担地役，以用于支持其他公共或私人土地多余水源的排出和引流。

法条索引

1978 年第 1541 号法令第 136 条

相关判例

宪法法院 C－126－98 号判决宣布本条款具有合宪性，负责法官：阿雷杭德罗·马丁内斯·加帕耶罗，1998 年 4 月 1 日。

第 109 条 对于承担排水地役的土地所有者，对其的赔偿需考虑用于排水的土地带给所有者的获利；同时若土地所有者可从中获利，也应考虑让其承担河道保护的义务。

法条索引

1978 年第 1541 号法令第 136 条

相关判例

宪法法院 C－126－98 号判决宣布本条款具有合宪性，负责法官：阿雷杭德罗·马丁内斯·加帕耶罗，1998 年 4 月 1 日。

第 110 条 接水的自然地役须遵循《民法典》第 891 条规定。

法条索引

《民法典》第 891 条

1978 年第 1541 号法令第 136 条

相关判例

宪法法院 C－126－98 号判决宣布本条款具有合宪性，负责法官：阿雷杭德罗·马丁内斯·加帕耶罗，1998 年 4 月 1 日。

最高法院，民事上诉法庭，编号：11001－02－03－000－2013－01301－00，负责法官：赫苏斯·瓦尔·德·卢登·路易斯，波哥大，

2013 年 6 月 24 日。

第 111 条　执行本章提到的地役,须遵循本章第一节的规定。

法条索引

1974 年第 2811 号法令第 106 条

相关判例

宪法法院 C－126－98 号判决宣布本条款具有合宪性,负责法官:阿雷杭德罗 · 马丁内斯 · 加帕耶罗,1998 年 4 月 1 日。

第四节　关于引水渠与水坝地役权

第 112 条　引水渠和水坝建设地役权的内容为在临近河流或者水库的土地上建设引水渠或水坝。

法条索引

1978 年第 1541 号法令第 136 条

相关判例

宪法法院 C－126－98 号判决宣布本条款具有合宪性,负责法官:阿雷杭德罗 · 马丁内斯 · 卡瓦耶罗,1998 年 4 月 1 日。

第 113 条　根据本法典的规定,此地役权适用于任何土地,目的是为需要引水或者储水的矿井、公司、城市或村落提供便利。

法条索引

1978 年第 1541 号法令第 136 条

相关判例

宪法法院 C－126－98 号判决宣布本条款具有合宪性,负责法官:阿雷杭德罗·马丁内斯·卡瓦耶罗,1998 年 4 月 1 日。

第 114 条 引水工程的建设和维护应该保证对周边土地造成的损害降到最小。在此情形下,只针对实际造成的损害进行赔偿。

法条索引

1978 年第 1541 号法令第 136 条

相关判例

宪法法院 C－126－98 号判决宣布本条款具有合宪性,负责法官:阿雷杭德罗·马丁内斯·卡瓦耶罗,1998 年 4 月 1 日。

第五节 关于引水饲养牲畜的地役权

第 115 条 水运输通行权涉及情况为:从公共河流取水并用容器运送,运送途中需要经过他人的农村地块,前提是根据法律规定有权取水。当缺水或者少水时,每一块土地的所有者都享有此权利。

法条索引

1978 年第 1541 号法令第 32 条、第 136 条

相关判例

宪法法院 C－126－98 号判决宣布本条款具有合宪性,负责法官:阿雷杭德罗·马丁内斯·卡瓦耶罗,1998 年 4 月 1 日。

第 116 条 如果地块缺水,则其所有者享有牲畜饮水的通行权,内容为带领牲畜通过他人的农村地块让它们在公共河流或者水库饮水。

法条索引

1978 年第 1541 号法令第 32 条、第 136 条

相关判例

宪法法院 C－126－98 号判决宣布本条款具有合宪性，负责法官：阿雷杭德罗·马丁内斯·卡瓦耶罗，1998 年 4 月 1 日。

第 117 条　前述条款相关权利的确立和行使的前提是不妨碍当前需要用水的人以及正在对水体进行合法利用的人，并且上述各权利需要在地块所有者规定的时间和地点行使。

如果地块所有者证明相关通行权是不必要的，则可停止其行使。如果相关权利的行使对地块造成了严重的损害，也可以对行使权利的方式进行改变。关于上述权利确认或行使的争议须通过普通司法程序解决。

法条索引

1978 年第 1541 号法令第 32 条、第 136 条

相关判例

宪法法院 C－126－98 号判决宣布本条款具有合宪性，负责法官：阿雷杭德罗·马丁内斯·卡瓦耶罗，1998 年 4 月 1 日。

第六节　关于河岸使用地役权

第 118 条　岸边地块的所有者应该留出必要的空间用于环境与可持续发展部规定的活动，用于航行或者用于在相应的河道或湖泊开展渔业或者其他活动，不得在上述空间内构筑房屋或种植粮食。

在此条语境下，只针对实际造成的损害进行赔偿。

除了上述规定外，关于河岸的使用还适用《民法典》第 898 条规定。

法条索引

《民法典》第 898 条

1994 年第 160 号法第 69 条

1997 年第 388 号法第 10 条、第 101 条

2011 年第 1450 号法第 206 条

1974 年第 2811 号法令第 86 条、第 87 条

1978 年第 1541 号法令第 136 条

1997 年第 1449 号法令

1998 年第 1504 号法令第 5 条

2013 年第 1465 号法令

相关判例

宪法法院 C－126－98 号判决宣布本条款具有合宪性，负责法官：阿雷杭德罗·马丁内斯·卡瓦耶罗，1998 年 4 月 1 日。

第五章 关于水利工程

第 119 条 本章各条规定之目的为推动、加强、引导和强制水利工程的研究、建设和运营，以对水资源进行利用、保护和保养。

法条索引

1978 年 1541 号法令第 183 条等

相关判例

国务委员会，行政诉讼法庭，一处，编号：2998，负责委员：厄尔内斯托·拉法埃尔·阿里扎·穆尼奥兹，波哥大，1994 年 12 月 9 日。

第 120 条 已获得水资源特许使用权者或者水资源的所有者必须为

相关的研究和审批提供必要取水、控水、引水、储水和配水工程的图纸。在未得到授权时，不得对上述工程进行利用。根据工程的种类和性质，本条中的规定亦可有例外情况。

法条索引

1978 年第 1541 号法令第 183 条及其后各条、第 239 条第 8 款

相关判例

宪法法院 C－126－98 号判决宣布本条款具有合宪性，负责法官：阿雷杭德罗·马丁内斯·卡瓦耶罗，1998 年 4 月 1 日。

第 121 条 公共和私人的取水工程应该配备相关设备或者其他结构，以在任何时候都可以对分流和消耗的水量进行测量和了解。

法条索引

1978 年第 1541 号法令第 48 条、第 164 条 g 款、第 171 条、第 199 条

第 122 条 水资源的使用者应该对建成的工程进行维护和保养，以保证其正常运行。不得因为任何原因对相关工程进行修改变动，使得特许使用权中规定的水资源分配方式发生改变。

法条索引

1974 年第 2811 号法令第 119 条至第 121 条、第 123 条及其后各条

相关判例

宪法法院 C－126－98 号判决宣布本条款具有合宪性，负责法官：阿雷杭德罗·马丁内斯·卡瓦耶罗，1998 年 4 月 1 日。

第123条 在进行河道整改工程或者河道边坡强化工程中，为了避免洪水对沿岸地块的破坏，相关人员应该提供必要的图纸和数据。

法条索引

1978年第1541号法令第232条

第124条 如遇特大洪水及其他类似不可抗力，土地所有者、占有者、持有者或使用者协会可在未经许可的情况下临时兴建防御工程，并于上述活动开始后6天内发出通知。

危险解除后，可依法下令拆除上述临时工程、修复被损毁的工程或建设全新的工程，具体工作应由工程受益者承担，包括间接受益者以及部分受益者。

法条索引

1978年第1541号法令第123条、第196条及第232条

第125条 特许使用批准文件中对灌溉剩余用水的去向进行了规定，该部分水资源应该回到原来的河道或者被用于其他地块，为此需要建设引水渠或者沟渠。

余水收集措施应该有足够的容量来收集雨水以及灌溉余水，并且其中的存水不得溢出流至公共道路或其他地块。

法条索引

1978年第1541号法令第200条及第225条

相关判例

宪法法院C－126－98号判决宣布本条款具有合宪性，负责法官：阿雷杭德罗·马丁内斯·卡瓦耶罗，1998年4月1日。

第126条 如果雨水或者灌溉余水造成泛滥，则周边地块的所有者应该允许建设引水工程，前提是提交相应的施工图纸并得到批准。

> **法条索引**
>
> 1978年第1541号法令第143条至第145条、第282条第13款

第127条 未经允许建设的工程，或者虽经批准，但在洪水或者涨水期间未能预测且事后造成损害、情况紧急的工程，可以下令拆除。

> **法条索引**
>
> 2009年第1333号法

第128条 如果水资源使用者放弃、没有经济能力参与、受益者之间产生矛盾，或者需要延长运营周期，则哥伦比亚政府可以参与受管制的河流上或者灌溉区内的水资源利用工程建设。土地所有者应该承担上述工程所带来升值部分对应的税款。

> **法条索引**
>
> 1974年第2811号法令第46条
>
> 1978年第1541号法令第46条、第232条及第281条第16款

第129条 在任何情况下，地块的产权者、所有者或者拥有者都不得反对开展用于排水、引流的沟渠维护工作。

> **法条索引**
>
> 1978年第1541号法令第68条、第123条、第198条、第232条、第234条及第239条第6款

第130条 如果需要在私人或者公共流域建设大坝或者水库进行取

水,应该配备必要的设施供鱼类通过。

法条索引

1978 年第 1574 号法令第 192 条

第 131 条 如果一人或多人因灌溉需要在农村土地上建设引水渠,应该提前提出申请。申请可能出于公共利益的考虑被拒绝。

法条索引

1994 年第 142 号法

1978 年第 1541 号法令第 187 条

2010 年第 2820 号法令

第六章 关于水资源的使用、存储和保护

第一节 总 则

第 132 条 不得在没有获得允许的情况下改变河道以及水体的水情和水质,也不得干扰水资源的合法利用。

如果工程威胁公众安全、自然资源、海内和海外的安全或者国家主权,则不允许其建设。

法条索引

1974 年第 2811 号法令第 133 条及其后各条

1978 年第 1541 号法令

2010 年第 3930 号法令

2010 年第 2820 号法令

相关判例

国务委员会,行政诉讼法庭,一处,编号:2534,负责委员:里瓦尔多·罗德里格斯·罗德里格斯,波哥大,1994 年 11 月 10 日。

国务委员会,行政诉讼法庭,二处 B 分处,编号:25000－23－26－000－2000－0006－01(AG－001),负责委员:阿雷杭德罗·奥尔多涅兹·马尔多纳多,波哥大,2001 年 2 月 15 日。

国务委员会,行政诉讼法庭,一处,编号:88001－23－31－000－1999－00059(8294),负责委员:卡米洛·阿尔西涅加斯·安德拉德,波哥大,2006 年 5 月 11 日。

国务委员会,行政诉讼法庭,一处,2011－00124－01 号判决,负责委员:玛利亚·伊丽莎白·加西亚·冈萨雷斯,2013 年 8 月 22 日。

宪法法院 T－309/99 号判决,负责法官:阿尔弗雷德·贝尔特兰·希艾拉。

第 133 条　使用者有如下义务:

1. 根据特许使用决议中规定的地点和目的,高效、经济地利用水资源,并且应该采用相应的技术措施。

2. 不得使用超过授权使用之水量。

3. 修建并维护设施和工程,使其保持良好状况。

4. 避免河流或者储水设施中的水溢出或者从相关工程中溢出。

5. 按照比例资助水利设施、检修道路以及其他常见的设施和工程的维护工作。

6. 允许进行检修并提供关于水资源利用的数据。

法条索引

1997 年第 373 号法

2009 年第 1333 号法

1974 年第 2811 号法令第 132 条、第 134 条至第 148 条

1978 年第 1541 号法令第 238 条至第 247 条

相关判例

宪法法院 C－126－98 号判决宣布本条款具有合宪性，负责法官：阿雷杭德罗·马丁内斯·卡瓦耶罗，1998 年 4 月 1 日。

宪法法院 T－379/95 号判决，案卷号：T－61500，负责法官：安东尼奥·巴雷拉·卡尔波尼尔，波哥大，1995 年 8 月 28 日。

第二节 关于污染防控

第 134 条 政府应确保居民用水资源和用于其他活动水资源的水质，为此应做到如下几点：

1. 通过对水资源进行定期的物理、化学和生物方面的分析，将水资源分类，并确定其用途和其可能的用途。所有水资源都应该进行上述分类。

2. 为公共用途或私人用水的取水、储水、水处理和给水确定并批准最合理的技术手段。

3. 对自然人或法人、公共机构或私人机构进行监管，以确保其遵守水资源收集、供应、输送和水质方面的各项规定。

4. 制定污水和下水处理的各类要求。

5. 在进行物理、化学和生物分析后，确定在什么情况下禁止、批准或者限制在水体中倾倒废弃物、垃圾、废料和残渣。

6. 通过定期检查监控水质，保证水质符合各分类下规定用途的要求。

7. 决定在什么情况下允许使用污水，或者禁止其使用，或规定使用的条件。

8. 对被污染的水体进行管控，并规定禁止事项，其中需要明确指出区域和时间，以及恢复水质的措施。

9. 长期推动对淡水和海水水体的研究和分析，以保证生物圈的正常运转和各物种的正常生存，并保持水体供氧能力以及对陆地气候的调节能力。

法条索引

1993 年第 99 号法第 42 条及第 43 条

2012 年第 2667 号法令

2006 年第 1900 号法令

2005 年第 4742 号法令

2004 年第 155 号法令

2004 年第 240 号决议(其中确定了折旧计算的基数及水资源使用价格的最低价格)

a 款

1974 年第 2811 号法令第 70 条及第 137 条

1978 年第 1541 号法令第 205 条

1997 年第 388 号法令第 10 条

b 款

2000 年第 1096 号法令第 22 章

c 款

2007 年第 1575 号法令

d 款

1979 年第 9 号法第 36 条至第 40 条、第 128 条

2010 年第 3930 号法令第 31 条,第 33 条第 11 款、第 72 款

2000 年第 1096 号决议第 15 章

e 款

1974 年第 2811 号法第 128 条

2005 年第 4741 号法令第 32 条

2005 年第 838 号法令第 6 条

f 款

2007 年第 1575 号决议

2007 年第 2115 号决议

2009 年第 082 号决议

2010 年第 4717 号决议

g 款

1984 年第 1594 号法令第 4 章

h 款

2001 年第 685 号法第 137 条等

i 款

2004 年第 865 号决议

2006 年第 872 号决议

相关判例

国务委员会,一处,第 96/05/31 号判决,案卷号:AC3571,负责法官:卡洛斯·贝坦库尔·哈拉米约。

宪法法院 T－379/95 号判决,案卷号:T－61500,负责法官:安东尼奥·巴雷拉·卡尔波内尔,波哥大,1995 年 8 月 28 日。

国务委员会,行政诉讼法庭,一处,编号:25000－23－25－000－2002－00129－01(AP),负责委员:加布列尔·埃杜阿尔多·门多萨·马尔特罗,波哥大,2004 年 5 月 13 日。

第 135 条 为了确认是否存在环保系统及其效果,应该定期对可能污染水资源的工厂或者其他活动进行检查。其所有者不得抗拒检查,并且应该向公务人员提供必要的数据。

法条索引

2010 年 3930 号法令

1978 年 1541 号法令第 198 条、第 219 条、第 256 条

相关判例

T－379/95 号判决,案卷号:T－61500,负责法官:安东尼奥·巴雷拉·卡尔波内尔,波哥大,1995 年 8 月 28 日。

第136条　如果工厂由于生产流程需要排出超出规定温度范围的废水,则需要在排水之前对废水进行处理。

法条索引

1978年第1541号法令第227条

1984年第1594号法令第73条

2010年第3930号法令

相关判例

T-379/95号判决,案卷号:T-61500,负责法官:安东尼奥·巴雷拉·卡尔波内尔,波哥大,1995年8月28日。

第137条　以下各项为保护和特殊管控对象:

1. 用于居民家庭、动物养殖和食品生产的水资源。

2. 鱼类、甲虫类以及其他需要专门养殖的动物养殖场。

在需要保护区域内的水源、瀑布、湖泊和其他天然或者人工水体。

根据技术调研,此条规定的情形中,禁止或者限制来自工业或者家庭用途的污水或物体、液体或气体废弃物的排放。

法条索引

1979年第9号法

1994年第165号法

1978年第1541号法令第119条及第205条

相关判例

国务委员会,负责法官:冈萨罗·加伊坦,波哥大,1942年8月6日。

国务委员会,咨询和民事服务法庭,编号:11001-03-06-000-2005-01689-00,负责委员:弗拉比奥·奥古斯托·罗德里格斯·阿尔赛,波哥大,2005 年 12 月 15 日。

国务委员会,行政诉讼法庭,一处,编号:AP－25000－23－27－000－2001－90479－01,负责委员:马尔科·安东尼奥·微利亚·莫雷诺,波哥大,2014 年 3 月 28 日。

第 138 条 应划定具体的区域,这些区域如果没有经过事先的处理,且排放量和浓度超过允许的范围,则不允许在地表水或地下水、内陆水域或者海洋中排放污水,或者来自城市或农村的工业或家庭用途废水。

此外,也不准在上述水域中排放规定数量和浓度以上的其他物质,如垃圾、废弃物、排泄物、有毒物或者辐射性物质、气体、生化产品、清洁剂或者其他类似的物质。

法条索引

1979 年第 9 号法第 10 条至第 21 条、第 36 条至第 40 条

1978 年第 1541 号法令第 119 条第 f 款及第 238 条

2010 年第 3930 号法令第 24 条及第 40 条

相关判例

宪法法院 T－851/10 号判决,案卷号:T－2.700.081,负责法官:翁贝尔托·安东尼奥·塞拉·波尔托,波哥大,2010 年 10 月 28 日。

宪法法院 T－1085/12 号判决,案卷号:T－3.576.194,负责法官:霍尔海·伊格纳西奥·布雷特尔特·查尔胡布,波哥大,2012 年 12 月 12 日。

国务委员会,行政诉讼法庭,一处,编号:88001－23－31－000－1999－00059(8294),负责委员:卡米罗·阿尔西涅加斯·安德拉德,波哥大,2006 年 5 月 11 日。

国务委员会,行政诉讼法庭,一处,编号:AP－25000－23－27－000－2001－90479－01,负责委员:马尔戈·安东尼奥·微利亚·莫雷诺,波哥大,2014 年 3 月 28 日。

第139条 如需对居住区或者工业区进行扩建或者改造,需要提前提交排水、管道、下水道和废水处置方案并获得批准。

法条索引

1979年第9号法第10条至第21条、第36条至第40条及第177条

1994年第142号法

1997年第388号法

1978年第1541号法第119条f款及第221条

2004年第1433号决议

经济发展部2000年第1096号决议

相关判例

国务委员会,行政诉讼法庭,一处,编号:AP-25000-23-27-000-2001-90479-01,负责委员:马尔戈·安东尼奥·微利亚·莫雷诺博士,波哥大,2014年3月28日。

第140条 任何水资源特许使用的受益者都应该遵守水资源质量保护规定。

法条索引

1978年第1541号法令第27条及第62条h款

相关判例

国务委员会,行政诉讼法庭,一处,编号:25000-23-24-000-2000-00369-01,负责委员:奥尔加·伊内斯·那瓦雷特·巴雷罗,波哥大,2004年2月26日。

第141条 工业设施如果不能保证将水质保持在规定的范围内,则

只能设置于事先规定的地点。应先对工业设施排出物的数量和成分,以及接收水体的水质进行考察,后确定相关设施在工业区内的位置。

法条索引

1979 年第 9 号法第 10 条至第 21 条

1997 年第 388 号法第 10 条及第 101 条

2003 年第 810 号法

2009 年第 1333 号法

1978 年第 1541 号法令第 229 条

2010 年第 3930 号法令第 4 条第 6 款、第 16 款及第 33 款

2004 年第 1433 号决议

相关判例

国务委员会,行政诉讼法庭,一处,编号 11001 - 03 - 24 - 000 - 2000 - 6654 - 01(6654),负责委员:马努埃尔·圣地亚哥·乌璐艾塔·阿约拉,波哥大,2003 年 3 月 20 日。

第 142 条 工业设施只能根据规定的条件和方式将废水排放在公共下水系统内,不允许将工业废水和生活废水排放在余水收集系统内。

法条索引

1979 年第 9 号法第 14 条

1989 年第 9 号法

1997 年第 388 号法

1978 年第 1541 号法令第 223 条及第 230 条

2010 年第 3930 号法令第 31 条

2004 年第 1433 号决议

相关判例

国务委员会,行政诉讼法庭,一处,编号:AP－25000－23－27－000－2001－90479－01,负责委员:马尔科·安东尼奥·微利亚·莫雷诺,波哥大,2003 年 3 月 20 日。

第 143 条　在对污水或者工业、家用废弃物接收水体进行分析之后,需要确定在整个水体范围内或者在其部分区域内禁止进行捕鱼、运动和其他类似活动的具体情况。

法条索引

2010 年第 3930 号法令第 4 条第 5 款、第 6 款

第 144 条　所有者、产权者或者拥有者不得拒绝在穿越其地块或者位于其地块内的水体内进行检查或者监控工作,以及根据此法典需要建设的工程。

法条索引

1978 年第 1541 号法令第 198 条,第 239 号条第 6 款、第 10 款及第 256 款

2010 年第 3930 号法令第 58 条

第 145 条　如果下水无法排入下水道系统,应该对其进行处理,确保其不对接收水体、土地、植物和动物造成损害。相关工程需要提前得到批准。

法条索引

1979 年第 9 号法第 231 条

1978 年第 1541 号法令第 222 条

2010 年第 3930 号法令第 31 条

相关判例

T－379/95号判决，案卷号：T－61500，负责法官：安东尼奥·巴雷拉·卡尔波内尔，波哥大，1995年8月28日。

第三节 关于特殊用途

第一小节 关于矿产利用

第146条 获得水资源的特许使用权进行矿产开发的主体，除了其他规定中的内容之外，还需要遵守以下规定：

1. 保持开采废料倾倒处的河道清洁，保证水体不被截断、不溢出且不受污染。

2. 不影响通航。

3. 不破坏水生生物资源。

法条索引

2001年第685号法第198条

1978年第1541号法令第78条、第79条、第80条、第81条及第82条

相关判例

宪法法院C－126－98号判决宣布本条款具有合宪性，负责法官：阿雷杭德罗·马丁内斯·卡瓦耶罗，1998年4月1日。

国务委员会，行政诉讼法庭，一处，编号：5365，负责法官：马努埃尔·圣地亚哥·乌璐艾塔·阿约拉，波哥大，2000年7月13日。

第147条 在矿产开采时应该避免污染村落、公共设施或者农业、工业企业的必要水源。

法条索引

1973 年第 23 号法第 4 条

2000 年第 599 号法第 332 条

2001 年第 685 号法第 20 章

1974 年第 2811 号法令第 8 条

1978 年第 1541 号法令第 176 条、第 177 条

相关判例

国务委员会,行政诉讼法庭,一处,编号:5365,负责委员:马努埃尔·圣地亚哥·乌璐艾塔·阿约拉,波哥大,2000 年 11 月 30 日。

宪法法院 T－154/13 号判决,案卷号:T－2550727,负责法官:尼尔森·毕尼拉·毕尼拉,波哥大,2013 年 3 月 21 日。

第二小节　关于雨水的利用

第 148 条　土地的所有者、拥有者或者持有者可以对落在其土地内或者流经其土地内的被收集的雨水进行利用。权利人可以在其土地内建设相应的工程来储存雨水。

法条索引

1974 年第 2811 号法令第 125 条

1978 年第 1541 号法令第 143 条至第 145 条及第 200 条

相关判例

国务委员会,行政诉讼法庭,一处,编号:13001－23－31－000－2003－90005－01(AP),负责委员:加布列尔·埃杜阿尔多·门多萨·马尔特罗,波哥大,2005 年 3 月 10 日。

国务委员会,行政诉讼法庭,一处,编号:54001－23－31－000－2003－01337－01(AP),负责委员:拉法埃尔·奥斯塔乌·德·拉丰特·皮亚内塔,波哥大,2007 年 2 月 15 日。

第七章 关于地下水

第 149 条 此条所提到的地下水指河床下的水源,或者隐藏于地表或者海底之下的自然涌出的水源,如在渗出地点汇集的泉水以及地下水,或者需要类似于水井、渗渠或者其他类似工程才能形成的水源。

法条索引

1974 年第 2811 号法令第 77 条、第 150 条至第 154 条

第 150 条 需要对地下水进行保护和利用。

法条索引

1979 年第 9 号法第 57 条、第 59 条及第 60 条

1993 年第 99 号法第 43 条

1978 年第 1541 号法令第 176 条及第 180 条

2004 年第 155 号法令

2005 年第 4742 号法令

2006 年第 1900 号法令

2012 年第 1640 号法令

2004 年第 240 号决议

2006 年第 872 号决议

第 151 条 土地的所有者、拥有者或持有者享有根据其需求优先对其土地内的地下水进行利用的权利。如果所有者的土地不具有必要的取水深度,可以给予其在其他土地上对地下水资源进行特许利用的权利,以用于家庭用途或者牲畜供水。所有者需要证明在其土地的合理深度内不存在可利用的水源,且水源开发不违反本节的相关规定,才能够被授予相

关开发权利。

上述特许利用的情况不对水源拥有者的优先利用权利产生影响,如果其他土地所有者正在对水资源进行利用或者在确定的期限内将会对水资源进行利用(根据工程的性质和种类确定),而相关行为对水源拥有者权利构成损害,并且地下水量未超过土地必需水资源量,那么拥有者可以对特许利用申请提出反对。

法条索引

1974 年第 2811 号法令第 107 条

1978 年第 1541 号法令第 129 条及第 146 条至第 181 条

相关判例

宪法法院 C-126-98 号判决宣布本条款具有合宪性,负责法官:阿雷杭德罗·马丁内斯·卡瓦耶罗,1998 年 4 月 1 日。

国务委员会,行政诉讼法庭,三处,编号:44001-23-31-000-1992-0096-01(12492),负责委员:阿里埃尔·埃杜阿尔多·埃尔南德斯·恩里克斯,波哥大,2002 年 9 月 26 日。

国务委员会,行政诉讼法庭,一处,编号:3952,负责委员:厄尔内斯托·拉法埃尔·阿里扎·穆尼奥兹,波哥大,1997 年 9 月 11 日。

第 152 条 若流域或者区域内的地下水有枯竭或者受到污染的危险,或者水质和水量逐渐严重恶化,则应彻底或者暂时停止授予特许使用权。可以对已经授予的特许使用权宣布过期或者限制其使用,或如果用户同意,则可以出资建设必要的工程和开展必要的工作。如果上述方案不可行,则可以通过估价系统来进行工程的建设。

法条索引

1974 年第 2811 号法令第 62 条

1978 年第 1541 号法令第 118 条、第 121 条、第 166 条及第 281 条

第6款

2012年第1640号法令

第153条 若地下水枯竭,或者授予许可时记录的水文条件已经彻底改变,则可以对地下水特许经营许可进行修改,或者宣布其过期。

法条索引

1974年第2811号法令第62条

1978年第1541号法令第155条至第178条

相关判例

宪法法院C-126-98号判决宣布本条款具有合宪性,负责法官:阿雷杭德罗·马丁内斯·卡瓦耶罗,1998年4月1日。

第154条 地下水特许使用权所有者在取水时应该保证没有未被利用的剩水。

法条索引

1978年1541号法令第160条、第163条及第168条

相关判例

宪法法院C-126-98号判决宣布本条款具有合宪性,负责法官:阿雷杭德罗·马丁内斯·卡瓦耶罗,1998年4月1日。

T-379/95号判决,案卷号:T-61500,负责法官:安东尼奥·巴雷拉·卡尔波内尔,波哥大,1995年8月28日。

第八章　关于河流和河道的管理

唯一节　管理职能

第155条　政府具有以下职权：

1. 对水资源的利用、河道的占有和开发进行授权和管控。

2. 在水资源管理方面，协调官方机构以及用户协会的活动。

3. 储存水资源。

4. 为了避免对环境的破坏，或者出于对公共用水和公众利益的考虑，对私人用水进行管控。

5. 法律规定的其他职权。

法条索引

《民法典》第677条

1993年第99号法第5条第4款、第11款、第14款、第24款，第31条第9款、第10款、第11款、第12款、第18款及第19款

1997年第373号法

1974年第2811号法令第81条

2012年第1640号法令

相关判例

国务委员会，行政诉讼法庭，一处，编号：73001-23-31-000-2000-00932-01，负责委员：玛利亚·伊丽莎白·加西亚·冈萨雷斯，2011年9月15日。

第156条　为利用水资源，需要在考虑目前的分配情况和各地块需求的前提下，对每条河流或者支流的最佳分配方案进行研究。

可能会受到此规定影响的人有权利了解相关的研究以及参与到相关事务中。

法条索引

1978 年第 1541 号法令第 107 条至第 117 条

2010 年第 3930 号法令第 3 章

第 157 条 如果执行规定时所考虑的条件已发生改变,只要听取了可能受到修改影响的人们的意见,有关方面或者官方可以申请对任何水资源利用方面的规定进行修改。

法条索引

1978 年第 1541 号法令第 116 条

2010 年第 3930 号法令第 4 章

第九章 收 费 事 宜

第 158 条 土地管辖部门不得对水资源利用征收税费。

法条索引

1978 年第 1541 号法令第 31 条

第 159 条 (不具有合宪性)对于自然人或法人、公共部门或者私人组织所进行的营利性水资源利用行为,可以根据国家政府制定的税率征收税费,目的是将征缴的资金用于以下水资源的保护和支出:

1. 对国内的水资源进行调查和清点。
2. 对水资源的利用进行计划。
3. 规划利国利民的水资源开发。

4. 保护和开发各个流域。

5. 用作各项开发活动的直接支出。

相关判例

宪法法院 C－1063－03 号判决宣布本条款不具有合宪性，负责法官：海依梅·阿拉乌和·伦特里亚，2003 年 11 月 11 日。

第 160 条　（不具有合宪性）国家政府可以计算并制定营利性水资源利用应该缴纳的税费。

相关判例

宪法法院 C－1063－03 号判决宣布本条款不具有合宪性，负责法官：海依梅·阿拉乌和·伦特里亚，2003 年 11 月 11 日。

第十章　关于水域使用者协会

第 161 条　利用同一水资源分配系统内的一条或多条河流的人或者有权利用同一条人工渠道水资源的人可以组成协会。

法条索引

1994 年第 142 号法第 15 条及第 17 条

1974 年第 2811 号法令第 155 条 b 款

1978 年第 1541 号法令第 166 条至第 269 条（第 193 条、第 213 条至第 217 条及第 231 条除外）

第 162 条　如果某条河流流经多块属于不同所有者的土地，且其所有者或拥有者都得到了水资源的特许使用许可，那么所有者或拥有者应该通过环境与可持续发展部组成协会，以进行取水、分配水、储水和修整渠道,前提是之前没有签署目的相同的协议。

如果某渠道不属于公共财产,且其所有者与需要对该渠道进行特许利用的各方之间没有协定,则需要设立相应的地役权。

法条索引

1978 年第 1541 号法令第 66 条、第 268 条、第 270 条第 4 款

相关判例

宪法法院 C－126－98 号判决宣布本条款具有合宪性,负责法官:阿雷杭德罗·马丁内斯·卡瓦耶罗,1998 年 4 月 1 日。

第十一章 处 罚

第 163 条 违反本法中关于公共用水特许权规定以及关于公共或私人水域使用规定的,将受到法律、法规和公约规定的处罚。

法条索引

2009 年第 1333 号法第 40 条

1978 年第 1541 号法令第 238 条及第 239 条

第四部分　关于海洋及海底

第 164 条　海洋环境的保护由国家负责，海洋环境包括领海及经济区内的海水、海床、底土和海空，以及区域内的海滩和可再生自然资源。

海洋环境的保护通过采取必要的措施阻止或预防海洋环境受到污染来实现，主要针对可能威胁人类健康、危害水生生物资源、破坏娱乐或阻碍对海洋采取其他合法用途的物质。

采取上述措施中的必要措施以：

1. 确定可以被排入海中的废弃物的质量及允许的限度和浓度，并规定哪些物体不可被排入海中。

2. 与矿产和能源部配合，规范油气资源或其他存在于海洋、海底或海滩中矿产资源的勘探与开发，以避免海洋环境污染。

法条索引

《宪法》第 10 条

1961 年第 119 号法

1961 年第 9 号法

1975 年第 32 号法

1977 年第 4 号法

1978 年第 10 号法

1993 年第 47 号法

1981 年第 12 号法

1985 年第 45 号法

1987 年第 56 号法

1993 年第 99 号法第 5 条第 1 项、第 24 项、第 45 项及第 18 条

2011 年第 1450 号法第 113 条、第 207 条、第 208 条及第 212 条

1979 年第 1875 号法令

1984 年第 1436 号法令

2010 年第 3930 号法令第 4 条第 2 段、第 20 段及第 28 段

2011 年第 3570 号法令第 17 条

2013 年第 1120 号法令

第 165 条 任何可能引发海洋环境污染或破坏的活动都须得到许可。

法条索引

2011 年第 1450 号法第 207 条

1984 年第 2324 号法令

2010 年第 2820 号法令

2010 年第 3930 号法令第 26 条、第 28 条及第 41 条

相关判例

国务委员会,行政诉讼法庭,一处,编号:4190,负责委员:埃内斯托·拉法尔·阿里萨·穆尼奥斯,波哥大,1997 年 4 月 24 日。

国务委员会,行政诉讼法庭,一处,编号:88001 - 23 - 31 - 000 - 2000 - 00049 - 01,负责委员:卡米罗·阿尔西聂加斯·安德拉德,波哥大,2003 年 11 月 27 日。

国务委员会,行政诉讼法庭,三处,C 分处,编号:13001 - 23 - 31 - 000 - 2001 - 00051 - 01(AP),负责委员:恩里克·吉尔·波特罗,波哥大,2013 年 3 月 6 日。

第 166 条 任何以开发海洋资源为目的的活动都不得对其他资源造成枯竭、退化或污染等损害。

法条索引

1973 年第 23 号法第 4 条

2011 年第 1450 号法第 207 条

1974 年第 2811 号法令第 5 条、第 11 条 d 项及第 138 条

1978 年第 1541 号法令第 104 条及第 182 条

1984 年第 2324 号法令

2010 年第 2820 号法令

相关判例

国务委员会，行政诉讼法庭，一处，编号：25000－23－24－000－2001－00014－01（AP），负责委员：卡米罗·阿尔西聂加斯·安德拉德，波哥大，2005 年 2 月 17 日。

国务委员会，行政诉讼法庭，一处，编号：23001－23－31－000－1998－10290－01，负责委员：玛塔·索菲亚·桑斯·托伯恩，波哥大，2009 年 7 月 9 日。

第五部分　关于一次能源资源

第 167 条　一次能源资源是指：

1. 太阳能。

2. 风能。

3. 水能或水体势能。

4. 地热资源。

5. 海洋能源。

法条索引

1993 年第 99 号法第 5 条第 33 款

1994 年第 143 号法

2000 年第 629 号法

2001 年第 697 号法

2002 年第 788 号法第 107 条

2011 年第 1450 号法第 105 条

2008 年第 3450 号法令

2003 年第 3683 号法令

矿产和能源部 2004 年第 181462 号决议

矿产和能源部 2006 年第 180609 号决议

矿产和能源部 2010 年第 180919 号决议

相关判例

宪法法院1992年C-447号判决,案卷号:RE-004,负责法官:爱德华多·西富恩特斯·穆尼奥斯,波哥大,1992年7月9日。

第168条 水体势能是可用于产生能源的自然资源,区别于土地资源和水资源,在不损害既得权利的前提下,其所有权归国家所有。

法条索引

1993年第99号法第5条第33款

1994年第143号法

2000年第629号法

2001年第697号法

2002年第788号法第107条

2011年第1450号法第105条

2003年第3683号法令

2004年第181462号决议

矿产和能源部2006年第180609号决议

矿产和能源部2010年第180919号决议

相关判例

宪法法院1992年C-447号判决,案卷号:RE-004,负责法官:爱德华多·西富恩特斯·穆尼奥斯,波哥大,1992年7月9日。

第169条 在不损害既得权利的前提下,国家对由水流与地势组合开发的水力能源拥有所有权及使用权,即使水与地势有其他用途或受其他用途影响。同样,在不损害既得权利的前提下,国家拥有洋流或潮汐所产生能源的所有权。

法条索引

1999 年第 508 号法

2001 年第 697 号法

2011 年第 1450 号法第 64 条

2003 年第 3683 号法令

2007 年第 2501 号法令

2008 年第 3450 号法令

2006 年第 180609 号决议

2010 年第 181331 号决议

2010 年第 180919 号决议

相关判例

宪法法院 2003 年 C－646 号判决，案卷号：T－714925，负责法官：阿尔瓦罗·塔弗尔·加维斯，波哥大，2003 年 8 月 4 日。

第 170 条　意欲开发水力能源、动力能源或电力能源的自然人或法人、公共机构或私人，都应当申请政府许可或提出联营。为了获得许可或联营，应当考虑生态、经济和社会方面的各种必要因素。

宪法法院 1998 年 C－126 号判决宣布本条款具有合宪性，前提是法律可以规定具备开采自然资源特许权的主体。

法条索引

1999 年第 508 号法

2001 年第 697 号法

2011 年第 1450 号法

2003 年第 3683 号法令

2007 年第 2501 号法令

2008 年第 3450 号法令

2006 年第 180609 号决议

2010 年第 181331 号决议

2010 年第 180919 号决议

相关判例

宪法法院 2003 年 C-646 号判决,案卷号:T-714925,负责法官:阿尔瓦罗·塔弗尔·加维斯,波哥大,2003 年 8 月 4 日。

第 171 条 关于水域许可的规定适用于利用水资源与水体势能产生能源。

法条索引

1974 年第 2811 号法令第 59 条至第 63 条

相关判例

宪法法院 1998 年 C-126 号判决宣布本条款具有合宪性,法院认为法律可以对开采自然资源的特许权作出规定。

宪法法院 2003 年 C-646 号判决,案卷号:T-714925,负责法官:阿尔瓦罗·塔弗尔·加尔维斯,波哥大,2003 年 8 月 4 日。

第六部分　关于地热资源

第 172 条　就本法典而言，地热资源被理解为：

水与内源性地下热源的自然结合，其结果是自发产生热水或蒸汽。

存在地下的内源热源，可以注入水来产生热量或蒸汽。

法条索引

1993 年第 99 号法第 5 条第 33 项

2001 年第 697 号法

2011 年第 1450 号法第 105 条

2003 年第 3683 号法令

2004 年第 181462 号决议

矿产和能源部 2006 年第 180609 号决议

矿产和能源部 2010 年第 180919 号决议

第 173 条　自然形成或由人造工程产生的高于 80℃或高于法律规定的特殊情况下的界限的地热资源也适用本法典及其他法律规定。最低温度未达到 80℃的地热资源被视为温泉。

第 174 条　在不损害既得权利的情况下，国家享有对地热资源的所有权。

法条索引

1993 年第 99 号法第 5 条第 33 项

2001 年第 697 号法

2011 年第 1450 号法第 105 条

2003 年第 3683 号法令

2004 年第 181462 号决议

矿产和能源部 2006 年第 180609 号决议

矿产和能源部 2010 年第 180919 号决议

第 175 条　地热资源可以包含下列用途：

1. 能源生产。
2. 用于工业的直接热能生产，包括制冷或制热。
3. 淡水生产。
4. 提取其所含矿物质。

法条索引

1993 年第 99 号法第 5 条第 33 项

2001 年第 697 号法

2011 年第 1450 号法第 105 条

2003 年第 3683 号法令

2004 年第 181462 号决议

矿产和能源部 2006 年第 180609 号决议

矿产和能源部 2010 年第 180919 号决议

相关判例

宪法法院 1998 年 C－126 号判决宣布本条款具有合宪性，法律可以规定具备开采自然资源特许权的主体。

第 176 条　利用水源开采地热泉的特许权与地热资源特许权一并

授予。

法条索引

1993 年第 99 号法第 5 条第 33 项

2001 年第 697 号法

2011 年第 1450 号法第 105 条

1974 年第 2811 号法令第 69 条至第 73 条

1978 年第 1541 号法令

1981 年第 2858 号法令第 3 条至第 6 条

2003 年第 3683 号法令

2004 年第 181462 号决议

矿产和能源部 2006 年第 180609 号决议

矿产和能源部 2010 年第 180919 号决议

第 177 条 含盐地热资源的特许经营者负责采取必要措施消除水或凝结水蒸气的污染影响。

法条索引

1993 年第 99 号法第 5 条第 33 项

2001 年第 697 号法

2011 年第 1450 号法第 105 条

2003 年第 3683 号法令

2004 年第 181462 号决议

矿产和能源部 2006 年第 180609 号决议

矿产和能源部 2010 年第 180919 号决议

相关判例

宪法法院 1998 年 C－126 号判决宣布本条款具有合宪性，法律可以规定具备开采自然资源特许权的主体。

第七部分　关于地表及土地

第一章　关于农业用地

第一节　总　　则

第 178 条　国家领土的土地必须根据其条件和构成因素加以使用。土地的潜在用途将根据该地区的物理、生态和社会经济因素确定。土地也将根据这些因素进行分类。

法条索引

1993 年第 99 号法第 5 条第 1 项、第 2 项、第 10 项、第 11 项、第 12 项、第 14 项、第 19 项、第 25 项及第 31 条第 12 项

1997 年第 388 号法第 1 条、第 3 条、第 5 条、第 6 条、第 8 条、第 9 条、第 12 条、第 14 条、第 15 条、第 16 条、第 33 条及第 35 条

1998 年第 879 号法令

2006 年第 097 号法令

2007 年第 3600 号法令

2011 年第 3570 号法令第 2 条第 1 项

第 179 条　土地的利用必须以保持其物理完整性及生产能力的方式

进行。

在使用土地时应当采用管理技术规范，以避免其流失或退化，实现其恢复并确保其被保护。

法条索引

1993 年第 99 号法第 5 条第 1 项、第 2 项、第 10 项、第 11 项、第 12 项、第 14 项、第 19 项、第 25 项及第 31 条第 12 项

1997 年第 388 号法第 1 条、第 3 条、第 5 条、第 6 条、第 8 条、第 9 条、第 12 条、第 14 条、第 15 条、第 16 条、第 33 条及第 35 条

1998 年第 461 号法第 2 条、第 3 条、第 5 条、第 10 条及第 17 条

1998 年第 879 号法令

2006 年第 097 号法令

2007 年第 3600 号法令

2011 年第 3570 号法第 2 条第 1 项

第 180 条 共和国所有居民有责任在土地的保护和妥善管理方面与当局合作。

从事影响或可能影响土地的农业、畜牧业、林业或基础设施活动的人员有义务实施根据地域特征确定的保护和恢复措施。

法条索引

1976 年第 877 号法令第 6 条至第 10 条

1977 年第 1449 号法令第 2 条、第 3 条及第 7 条

第二节 关于管理职能

第 181 条 管理职能如下：

1. 关注土地的保护，以防止和控制侵蚀、退化、盐碱化或坍塌等现象。

2. 促进对土地使用采取预防措施，涉及土壤、土壤水和含水量以及耕

种方法、动植物管理。

3. 协调关于土地的研究、调查与分析，以实现土地的合理管理。

4. 管理和规范草原、公共海滩和共有岛屿的便利使用。

5. 当出现侵蚀、移动、盐渍化现象以及由于处理不当或其他原因造成的一般环境退化时，干预空置土地或私有土地的使用和管理，并采取纠正、恢复或保护措施。

6. 控制可能导致土壤污染的物质的使用。

法条索引

1993 年第 99 号法第 5 条第 1 项、第 2 项、第 10 项、第 11 项、第 12 项、第 14 项、第 17 项、第 19 项、第 25 项及第 31 条第 12 项

1997 年第 388 号法第 1 条、第 3 条、第 5 条、第 6 条、第 8 条、第 9 条、第 12 条、第 14 条、第 15 条、第 16 条、第 33 条及第 35 条

1998 年第 461 号法第 2 条、第 3 条、第 5 条、第 10 条及第 17 条

2012 年第 1523 号法第 6 条

1998 年第 879 号法令

2006 年第 098 号法令

2007 年第 3600 号法令

2010 年第 2820 号法令第 8 条及第 9 条

2011 年第 3570 号法令第 2 条第 1 项、第 7 条第 15 项

第三节　关于土地的使用和保存

第 182 条　将对处于下列任何一种情况的土地进行调整和恢复：

1. 若在特殊处理条件下可被用于经济目的，则不可被开发。

2. 应用不当会干扰环境稳定性。

3. 受制于影响土地生产力的理化或生物限制。

4. 开发不当。

法条索引

1993 年第 99 号法第 5 条第 1 项、第 2 项、第 10 项、第 11 项、第 12 项、第 14 项、第 19 项、第 25 项及第 31 条第 12 项

1997 年第 388 号法第 1 条、第 3 条、第 5 条、第 6 条、第 8 条、第 9 条、第 12 条、第 14 条、第 15 条、第 16 条、第 33 条及第 35 条

1998 年第 461 号法第 2 条、第 3 条、第 5 条、第 10 条及第 17 条

1998 年第 879 号法令

2006 年第 097 号法令

2007 年第 3600 号法令

2010 年第 2820 号法令第 8 条及第 9 条

2011 年第 3570 号法令第 2 条第 1 项、第 7 条第 15 项

第 183 条 土地的调整或恢复工程应当基于表明对生态系统无害的技术研究。上述工程须经许可。

法条索引

1993 年第 99 号法第 5 条第 1 项、第 2 项、第 10 项、第 11 项、第 12 项、第 14 项、第 19 项、第 25 项及第 31 条第 12 项

1997 年第 388 号法第 1 条、第 3 条、第 5 条、第 6 条、第 8 条、第 9 条、第 12 条、第 14 条、第 15 条、第 16 条、第 33 条及第 35 条

1998 年第 461 号法第 2 条、第 3 条、第 5 条、第 10 条及第 17 条

2006 年第 097 号法令

2007 年第 3600 号法令

2010 年第 2820 号法令第 8 条及第 9 条

2011 年第 3570 号法令第 2 条第 1 项、第 7 条第 15 项

第 184 条 地表坡度大于依据区域特点所确定的最大坡度时，地表应当保持植被覆盖。

同时，根据区域特点，对上述土地进行耕种或采取保护措施。

法条索引

1976 年第 877 号法令第 6 条或第 10 条

1977 年第 1449 号法令第 2 条、第 3 条及第 7 条

第 185 条 开展矿业建设活动、工程项目施工、发掘或其他类似活动前应当进行生态研究,且上述活动将根据土地保护及保持规则推进。

法条索引

1993 年第 99 号法第 52 条第 2 项

2001 年第 684 号法

2010 年第 2820 号法令第 8 条第 2 项及第 9 条第 1 项

2011 年第 3573 号法令第 3 条

第 186 条 交通路线或运河边坡的自然植被,无论是在其之上还是位于其下方,都不得被破坏,除非得到许可,且必须妥善并立即更替被破坏的植被。

法条索引

1976 年第 877 号法令第 6 条至第 10 条

1977 年第 1449 号法令第 2 条、第 3 条及第 7 条

第二章 关于土地的非农业用途

第一节 城镇、住房和工业用途

第 187 条 规划城市发展时确定住宅区、市政区 、商业区、工业区、娱乐区、造氧区和缓冲区,并考虑必要的观赏绿化。

法条索引

1993 年第 99 号法第 5 条第 1 项、第 2 项、第 10 项、第 11 项、第 12 项、第 14 项、第 19 项、第 25 项及第 31 条第 5 项、第 31 项和第 3 段

1997 年第 388 号法第 1 条、第 3 条、第 5 条、第 6 条、第 8 条、第 9 条、第 12 条、第 14 条、第 15 条、第 16 条、第 33 条及第 35 条

1998 年第 879 号法令

2011 年第 3570 号法令第 2 条第 1 项及第 7 条第 15 项

第 188 条 城市规划主要包括：

1. 根据保护和恢复环境质量和生活质量的需要，规范住房计划的建设和发展，并优先考虑问题最严重的地区。

2. 运转可能对环境造成影响的公共服务机构的合理位置。

3. 建立休息或娱乐区域及服务组织，为居民保持健康宜人的环境。

4. 管理土地片区、住房单元的适当规模以及每个住房单元和每个城市区域内可容纳的人口数量。

法条索引

1997 年第 388 号法第 1 条、第 3 条、第 5 条、第 6 条、第 8 条、第 9 条、第 12 条、第 14 条、第 15 条、第 16 条、第 33 条及第 35 条

2003 年第 810 号法第 1 条

1998 年第 879 号法令

2010 年第 1469 号法令

第 189 条 在城市中心，因其性质可能导致破坏环境的行业应以不会对周边居民及其活动造成伤害或不便的方式设定在特定区域，为此，该行业设定应考虑地理位置、风向、环境的其他特点及不可控的排放。

法条索引

1997 年第 388 号法第 1 条、第 3 条、第 5 条、第 6 条、第 8 条、第 9

条、第 12 条、第 13 条、第 15 条、第 16 条、第 33 条及第 35 条

2003 年第 810 号法第 1 条

2004 年第 902 号法第 1 条

1995 年第 948 号法令

1998 年第 879 号法令

第 190 条 针对现处位置不合适的行业采取必要措施，依据第 189 条规定，迁移至另一符合所述条件的区域应做好必要准备尽可能减少对周边的干扰。

第 191 条 在农村地区设置因其性质可能造成环境被破坏的行业，应考虑地理因素，事先调查该地区，以避免不可控制的放射或排放导致该地区的居民点、土壤、水域、动物、空气或植物群受到干扰或损害。

法条索引

1993 年第 99 号法第 17 条第 3 段及第 31 条第 14 项

1997 年第 388 号法第 1 条、第 3 条、第 5 条、第 6 条、第 8 条、第 9 条、第 10 条、第 12 条、第 14 条、第 15 条、第 16 条、第 33 条及第 35 条

2001 年第 685 号法第 5 条、第 6 条、第 7 条、第 10 条及第 95 条

2011 年第 1450 号法第 192 条

2011 年第 1454 号法

2012 年第 1523 号法

2011 年第 3570 号法令第 2 条第 1 项及第 7 条第 15 项

1998 年第 879 号法令

2006 年第 097 号法令

2007 年第 3600 号法令

2013 年第 1465 号法令第 4 条

相关判例

1999年C－229/99号判决，宣布1994年6月17日在巴黎通过的《联合国关于在发生严重干旱和/或沙漠化的国家特别是在非洲防治沙漠化的公约》及1998年第461号法具有合宪性，负责法官：安东尼奥·巴雷拉·卡博内尔，1999年4月14日。

第二节 交通用途：机场、公路、铁路

第192条 在城市规划中应考虑城市扩张的趋势，以确定机场及其他产生难以控制的噪音和气味来源的位置。

第193条 在公路和铁路的建设中，应采取预防措施，以免因地形变化而造成环境破坏，并控制车辆的尾气和噪音。

法条索引

1993年第99号法第49条、第50条及第52条

1997年第388号法

2013年第1682号法第3条、第7条、第10条及第39条

2010年第2829号法令第8条第7项及第8项，第9条第6项及第7项

第八部分　关于陆上植物群

第 194 条　本部分的规定适用于在全国范围内遭到破坏的植物群中的任何个体。

法条索引

1993 年第 86 号法第 1 条、第 3 条及第 5 条

1996 年第 299 号法第 1 条

第一章　关于植物群保存与保护

第 195 条　植物群被理解为存在于国家领土内的野生或栽培的植物物种和个体的集合。

第 196 条　应采取必要措施保护必须持续存在的植物物种或个体，或防止其因生物、遗传、美观、社会经济或文化原因而消失。这些措施包括：

1. 保护有灭绝危险的植物种类或个体，在设立地役或征收之前声明受保护的物种或个体。

2. 确定可以出口植物本身及初级产品的海港河港、机场和边境地点。

3. 促进开发和使用更好的保护和利用植物的方法。

法条索引

1981 年第 17 号法

1993 年第 99 号法第 1 条

1994 年第 165 号法

第 197 条 受保护的植物个体的所有者应负责这些植物的妥善管理和保存。

第 198 条 对于任何植物个体或产品的进口，必须持有证明其符合原产地国有关植被健康及物种保护的规定。

第二章 关于野生植物

第一节 关于定义与职能

第 199 条 国家领土内尚未由人类种植或改良的植物种类和个体的集合被定义为野生植物。

法条索引

1996 年第 1791 号法令第 1 条及第 2 条

第 200 条 为保护野生植物，可采取以下措施：

1. 干预公有或私有的野生植物种类和个体及其初级产品的管理、开发、运输及商业化。

2. 保护与恢复野生植物。

3. 通过生态规律实践以控制野生植物的物种或个体。

法条索引

1981 年第 17 号法

1994 年第 165 号法

1996 年第 299 号法

2009 年第 1333 号法

2011 年第 1450 号法第 202 条及第 207 条

2011 年第 1453 号法第 29 条、第 30 条、第 31 条及第 32 条

1996 年第 1791 号法令第 3 条、第 4 条及第 61 条

2000 年第 1909 号法令第 2 条、第 5 条及第 6 条

2010 年第 2820 号法令第 3 条、第 8 条、第 9 条及第 10 条

哥伦比亚国家可再生资源和环境研究所 1977 年第 0213 号决议，该项决议宣布禁止采撷苔藓、地衣、寄生植物和兰花。

哥伦比亚国家可再生资源和环境研究所 1977 年第 0801 号决议，该项决议宣布禁止采撷绵马、桫椤、蕨棕榈。

2000 年第 1367 号决议，该项决议通过《濒危野生动植物种国际贸易公约》附录中未列出的生物多样性标本的进口许可程序。

2001 年第 0438 号决议，该项决议设立用于调动生物多样性标本的国家单一通行证。

2010 年第 383 号决议，该项决议宣布国境内受到威胁的野生植物种类。

2010 年第 0207 号决议

2000 年第 1040 号决议，该项决议指定马特卡尼亚德佩雷拉(Matecaña de Pereira)国际机场为授权进行野生植物标本国际贸易的机场。

2010 年第 2064 号决议，该项决议规定预防性捕获、归还或没收野生和水生动植物野生物种标本后的措施。

相关判例

宪法法院 1996 年 9 月 26 日第 C－495 号判决，关于环境与多样性的保护。

第二节 关于管理与使用

第 201 条 针对野生植物的管理、利用、开发和商业化，将行使以下职能：

1. 规范并监管公有或私有的野生植物物种和个体及其初级产品的商业化和开发，以及向国家境内引入或移植植物个体。

2. 保护并保持野生植物的自然更新。

3. 当生态、经济或社会理由证明其合理时，直接利用资源。

4. 创建并管理推动物种发展的区域。

法条索引

1993 年第 99 号法第 5 条、第 31 条、第 52 条及第 68 条

1996 年第 1791 号法令第 61 条、第 62 条、第 74 条及第 75 条

第三章 关于森林

第 202 条 本章规定针对性质为森林土壤的区域及其所包括的森林，被称为森林区域。

森林区域可能具有生产性、保护性和保护—生产性。

土壤的森林性质将根据生态和社会经济研究决定。

法条索引

1959 年第 2 号法

2011 年第 1450 号法第 203 条

1976 年第 877 号法令第 6 条

1996 年第 1791 号法令第 38 条

2011 年第 3570 号法令

第 203 条 生产性森林区域是指应当通过天然或人工林永久保护以获得商业化或可消费的林产品的区域。

当获得产品意味着森林的暂时消失及其后的恢复时，该区域被视为直接生产区域。

当获得果实或副产品，且不意味着森林消失时，该区域被视为间接生产区域。

法条索引

1976 年第 877 号法令第 10 条

2001 年第 438 号决议

第 204 条 保护性森林区域是指必须用天然或人工林永久保护的区域，以保护这些相同的资源或其他可再生自然资源。

在保护性森林区域必须优先发挥保护作用，且仅允许获得森林的果实或副产品。

法条索引

1976 年第 877 号法令第 7 条

1977 年第 1449 号法令第 3 条

2010 年第 2372 号法令

第 205 条 保护—生产性森林区域是指必须通过天然或人工林永久保护可再生自然资源的区域，此外，该区域可能是必然受到保护效果维护的生产活动的对象。

法条索引

1976 年第 877 号法令第 9 条

2011 年第 1450 号法

第一节 关于森林保护区

第 206 条 森林保护区是指公有或私有的,专门用于生产性、保护性或生产—保护性森林区域的建立、维护及合理使用的区域。

相关判例

国务委员会,咨询与民事服务法庭,参考资料:第 1324 号咨询,负责顾问:路易斯·卡米罗·奥索里奥·伊萨沙,2001 年 3 月 22 日。

第 207 条 森林保护区只能用于对区域中存在或建立的森林的永久合理利用,且无论如何都必须保证森林的恢复和生存。

在先前已确定的情况下,如其中不存在能够保证森林恢复和生存的生态、经济或社会条件,特许权所有者或许可证持有者应支付独有森林开发所需的额外费用。

法条索引

1993 年第 99 号法第 5 条第 18 项及第 31 条第 16 项

1997 年第 388 号法第 10 条

2011 年第 1450 号法第 204 条

1976 年第 877 号法令第 2 条、第 3 条、第 4 条及第 5 条

1996 年第 1791 号法令第 12 条及第 15 条

2007 年第 3600 号法令第 4 条

2010 年第 2372 号法令第 10 条、第 12 条、第 34 条至第 42 条及第 47 条至第 49 条

2010 年第 2820 号法令第 8 条第 13 项

2011 年第 3570 号法令

2012 年第 1527 号决议

相关判例

宪法法院2012年7月18日C－570－128号判决宣布第2条第14项具有合宪性，负责法官：乔治·伊格纳西奥·普瑞特尔特·查尔胡。

第208条　在森林保护区内进行基础设施建设，如道路、水库、堤坝或建筑物，及进行经济活动，需要获得事先许可。

仅当工程建设和经济活动被证实不损害区域内的可再生自然资源保护时才可授予许可。

被许可者应当自费采取适当的保护措施。

相关判例

废除1993年第99号法第49条、第50条及第52条。创建环境部，重组负责环境管理和保护的公共部门，组建国家环境体系（SINA）并颁布其他措施。

第209条　不得私占森林保护区的荒地。

即使在森林保护区内，也可以对没有森林的荒地给予特许使用权。本法典生效后，在这些领域进行改进时，也不会有任何改进费用。

法条索引

1994年第160号法第85条第6段

相关判例

宪法法院1998年4月1日C－126－98号判决宣布本条款具有合宪性，负责法官：阿雷汉德罗·马丁内斯·卡瓦耶罗。“……但仅限于原告提出的指控，即因为法律可以规定有特许权开采自然资源的角色。”

第210条　如果在森林保护区内，出于公共利益或社会利益的原因，有必要开展涉及森林砍伐或改变土地使用,或除合理使用森林以外的任何其他经济活动,受影响区域应按规定划界,从保护区中划除。

如果保护区的保护功能不受损害,还可以从森林保护区中划除土地所有者证明其土地可用于林业以外开采的土地。

法条索引

2001 年第 685 号法第 34 条

1998 年第 293 号决议

2004 年第 673 号决议,该决议仅在过渡期生效。

2006 年第 871 号决议

2011 年第 1917 号决议,通过该决议修订了 2006 年 5 月 17 日第 871 号决议第 1 条及第 2 条。

2012 年第 1526 号决议

2012 年第 629 号决议

2013 年第 168 号决议

相关判例

1997 年 C－649 号判决,划除区域的法律权力,D－1671 号诉讼,负责法官:安东尼奥·巴雷拉·卡博内尔,宣布 1993 年第 99 号法第 5 条第 18 项中使用的表达“并除去”,当被理解为所指是国家自然公园体系中的区域时,不具有合宪性;当指国家森林保护区时,具有合宪性。

宪法法院 2002 年 5 月 7 日 C－339－02 号判决宣布 2001 年第 685 号法第 34 条第 1 段具有合宪性,负责法官:杰米·阿劳霍·伦特里亚。

宪法法院 2002 年 5 月 7 日 C－339－02 号判决宣布 2001 年第 685 号法第 34 条第 2 段具有合宪性,负责法官:杰米·阿劳霍·伦特里亚,“矿业当局合作的义务并不影响环境当局行使权限”。

宪法法院 2002 年 5 月 7 日 C－339－02 号判决宣布 2001 年

第 685 号法第 34 条第 3 段具有合宪性,负责法官:杰米·阿劳霍·伦特里亚,“环境当局必须采用预防原则”。

宪法法院2002年5月7日C－339－02号判决宣布2001年第685号法第34条第4段具有合宪性，负责法官：杰米·阿劳霍·伦特里亚，"环境当局必须采用预防原则"。

宪法法院2009年9月8日C－443/09号判决宣布2001年第685号法第34条具有合宪性，负责法官：温贝托·安东尼奥·塞拉·波尔图，法院命令"按照2002年第C－339号判决的规定予以解决，通过该判决宣布2001年第685号法第34条第1款具有合宪性；宣布2001年第685号法第34条第2款具有合宪性，前提是矿业当局的合作义务并不影响环境当局行使权限；宣布2001年第685号法第34条第3段和第4段具有合宪性，前提是环境当局必须采用预防原则"。

2010年T－329号判决，T－2510232号诉讼，由杰斯·阿尔弗雷多·贝当古·卡韦萨斯先生提起的针对威拉政府和苏阿萨市的诉讼。

第二节　关于森林开发

第211条　森林开发是指从森林中提取产品。

法条索引

1996年第1791号法令第1条、第2条、第3条及第4条

第212条　开发可以是持续的、独有的或日常的。

法条索引

1996年第1791号法令第5条

第213条　持续森林开发是指有义务通过可以使资源得到更新的林业技术来保护森林的正常产量的开发。

法条索引

1996 年第 1791 号法令第 6 条、第 7 条、第 8 条、第 9 条、第 10 条及第 11 条

第 214 条 独有森林开发是指依靠技术在位于应当不同于森林用途的森林植被中实现的开发。

独有森林开发的许可包括在开发结束时保持土地清洁的义务,但不包括更新或保护森林的义务。

法条索引

1996 年第 1791 号法令第 12 条、第 13 条、第 14 条、第 15 条、第 16 条、第 17 条及第 18 条

第 215 条 日常森林开发是指专为满足生活需要或日常使用而进行的开发。

此类开发的产品不得以任何形式商业化。

日常森林开发仅可由获得直接授权许可的事前检验申请人进行,期限为一年,最大体量为每年二十立方米。

法条索引

1996 年第 1791 号法令第 19 条、第 20 条、第 21 条及第 22 条

第 216 条 对荒地和公共领域其他土地上的天然或人工林的持续森林开发可以直接进行,也可以通过委托管理或协作、特许或许可进行。

每个特许权都将规定持续森林开发的最大面积和期限。

对私有土地上的天然或人工林进行持续森林开发需要获得授权。

法条索引

1996 年第 1791 号法令第 9 条及第 17 条

第217条 第216条第一段中提到的森林开发必须在研究和规划确保森林更新所需的工作之后进行。

森林开发许可证直接授予,特许将通过公开竞标授予。

政府可以在竞标或公开拍卖中出售其所直接开采的森林木材和产品。

法条索引

1996年第1791号法令第35条

第218条 对荒地或公共领域其他土地上的天然或人工林的独有森林开发可以由政府直接进行,或由经许可的个人进行。

私有林用于农业用途的独有森林开发不需要本条款所述的许可,但需要符合森林和土地政策的法律规范。

法条索引

1996年第1791号法令第36条及第42条

第219条 农民通过伐木系统进行以商业为目的的小规模森林开发并以此作为其生存手段的唯一工作来源,这类森林开发需要直接获得许可证。

法条索引

1996年第1791号法令第42条及第44条

第220条 具备在公有林进行持续森林开发或独有森林开发特许权的所有者和许可受益者,作为国有股份持股人应支付不超过最靠近开采地点市场的原始产品价格30%的金额,并单笔结算。

在其管辖范围内进行森林开发的市政当局将收到按照前一款支付金额的20%。

日常许可的受益者不在本条款规定的范围内。

国家资本占比最高的公司将在授予本条款所述的特许权和许可时享有优先权。

法条索引

哥伦比亚国家可再生资源和环境研究所1982年第48号协议。

哥伦比亚国家可再生资源和环境研究所1983年第36号协议。

第221条 除了第220条规定的金额外,独有森林开发许可的受益者还将支付每立方米可用木材的额外金额。

根据本条款和第220条收取的款项将全部用于重新造林计划。

法条索引

1993年第99号法第42条

2011年第1450号法第211条

1996年第1791号法令第30条

哥伦比亚国家可再生资源和环境研究所1982年第48号协议,第10条及第11条

哥伦比亚国家可再生资源和环境研究所1983年第36号协议

第222条 当确定特许权所有者或许可受益者不具备履行如下义务的条件时,因被授予特许权或许可应履行的义务,或本法典及其他法律规定的技术义务,主管部门可以承担这些义务,留下特许权所有者或许可受益者的运营成本,但非因违约可能产生的处罚除外。

第223条 所有入境、离境或在境内流通的初级林产品都必须得到许可。

法条索引

1996 年第 1791 号法第 74 条至第 81 条

2001 年第 0438 号决议

第 224 条 在没有遵守本规范或其他法律规范的情况下进行的任何开采、初级加工、流通或商业化活动的森林产品将被没收,但出于经济或社会性质的原因,可以确定例外情况。

法条索引

2009 年第 1333 号法第 5 条、第 12 条、第 31 条、第 36 条、第 40 条及第 53 条

1996 年第 1791 号法令第 84 条、第 85 条及第 87 条

第三节 关于森林工业

第 225 条 林业公司是指从事森林或初级林产品的种植、开发、加工或商业化活动的公司。

法条索引

1996 年第 1791 号法令第 63 条、第 64 条、第 65 条、第 66 条及第 67 条

第 226 条 综合林业公司是指能够最佳利用森林中大多数森林物种的公司。

为了使一家公司成为综合林业公司,应规定其业务发展应满足的条件,提前确定每个森林区域每公顷最小物种数量、补充加工程序以及为完成上述业务所必需的其他条件。

法条索引

1996 年第 1791 号法令第 63 条、第 65 条及第 66 条

第 227 条 所有林业公司都应获得许可。

法条索引

1996 年第 1791 号法令第 63 条及第 65 条

第 228 条 林业和运输公司有义务提供有关生产和运输记录以及统计数据的信息。林业和运输公司还应允许官员检查设备、仓储、加工和开采地点。

法条索引

1996 年第 1791 号法令第 65 条、第 66 条及第 67 条

第四节 关于重新造林

第 229 条 重新造林是指人工种植树木以形成森林。

法条索引

1996 年第 1791 号法令第 1 条

第 230 条 源自重新造林的森林被称为森林种植园,可以是:

1. 工业性森林种植园,建立在专门用于直接或间接生产的林业生产区内。

2. 保护—生产性森林种植园,建立在保护性森林区域内,直接或间接利用种植园的条件是维持其对资源的保护作用。

3. 保护性森林种植园,专为保护或修复某一可再生自然资源而种植,该种植园可被间接利用。

法条索引

1996 年第 1791 号法令第 69 条、第 70 条及第 71 条

第 231 条 保护—生产性或保护性森林种植园计划可以与森林保护区内土地的所有者商定实施。

就本条款效力而言,取得土地应声明具有公共用途和社会利益;当土地所有者与主管部门达成协议时,将进行土地征收。

第 232 条 占用者或所有者以外的人以农牧业为目的在森林土地中占用或占有森林种植园的行为,无权申请占有土地或通过连续使用取得土地。

第 233 条 为重新造林所设定的激励机制和支持方式也适用于自然人或法人在特许权或开采许可证允许的区域内建造工业林木种植园。

第 234 条 为履行开采国有森林应尽的义务而形成的工业人造林归国家所有。

这些区域内的许可或特许权优先授予建造工业林木种植园的特许经营者或许可证持有者。

本条款的效力同等适用于工业林木种植园和以人工种植以外的造林方式再生和改良的天然林。

法条索引

1996 年第 1791 号法令第 3 条及第 4 条

第 235 条 进口森林物种的种子和植物材料需要许可证。

法条索引

1994 年第 165 号法第 1 条、第 5 条、第 7 条及第 8 条

1996 年第 1791 号法令第 2 条、第 3 条及第 4 条

第五节 关于林业技术支持

第 236 条 要求建立工业林木种植园的自然人或法人，必须证明其有足够的技术支持。

在申请建立和维护森林种植园的鼓励措施时亦需要上述支持。

法条索引

1994 年第 139 号法第 1 条、第 3 条、第 4 条、第 5 条及第 8 条

1997 年第 900 号法令第 1 条、第 2 条、第 3 条、第 4 条及第 5 条

第 237 条 规范并监督林业技术援助。

第六节 关于林业研究

第 238 条 所有由国家预算全部或部分资助的林业研究项目必须事先纳入国家林业研究计划。

第 239 条 对国家林业研究计划的任何修改或补充都需要国家规划和环境委员会的同意。

第七节 关于林产品商业化

第 240 条 林产品商业化过程中政府应具备以下职能：

1. 采用并建议林产品的技术及质量控制的标准。

2. 管控原始林产品的贸易、进口和出口。

3. 根据森林物种的特征、现存状况和市场情况，规定使用森林物种的禁止与限制条件。

法条索引

1993 年第 99 号法第 2 条，第 5 条第 1 项、第 2 项及第 4 项，第 31 条第 1 项、第 2 项及第 9 项

1996 年第 1791 号法令第 2 条、第 3 条、第 4 条、第 6 条、第 12 条、第 13 条及第 20 条

第四章 关于森林保护

第 241 条 在所有机构和公共实体的合作下，在全国各地组织预防和控制森林火灾的措施，将解决森林火灾问题作为重点工作。

法条索引

2012 年第 1523 号法第 1 条、第 2 条、第 32 条、第 33 条、第 34 条、第 40 条及第 55 条

1995 年第 948 号法令第 4 条、第 28 条、第 29 条及第 30 条

第 242 条 每个人都有义务立即向最近的当局报告森林火灾的存在。

官方和私人媒体必须立即向民事和军事当局免费提供关于森林火灾的报告。

法条索引

1993 年第 99 号法第 1 条第 2 项、第 3 项、第 4 项、第 9 项、第 10 项及第 12 项，第 69 条

2012 年第 1523 号法第 1 条、第 2 条、第 32 条、第 33 条、第 34 条、第 40 条及第 55 条

1995 年第 948 号法令第 4 条、第 28 条、第 29 条及第 30 条

第 243 条 农村不动产的业主、所有者、持有者、任何身份的占有者及管理者或经营者均有义务允许官员及所有合作预防或消灭火灾的其他人在其农场内经过和逗留，为其提供必要的帮助以执行适当的任务。

法条索引

《宪法》第 58 条、第 79 条及第 80 条

第 244 条 农村土地的业主、所有者、持有者和占有者都有义务在其土地上采取预防和控制火灾的既定措施。

法条索引

《宪法》第 58 条、第 79 条及第 80 条

2012 年第 1523 号法第 1 条、第 2 条、第 32 条、第 33 条、第 34 条、第 40 条及第 55 条

第 245 条 当局机构应当：

1. 签发预防与控制森林火灾的必要规章，并修复因火灾损毁的森林。

2. 规范并建立入境、离境或在国家境内流通的林业产品、森林植被种子及材料应该遵循的植物检疫控制措施。

3. 当涉及可能传播森林虫害或森林病害的受污染材料时，可以在没有补偿的情况下拦截和没收并自由处置在国家境内存在、流通、储存或销售的森林植被产品、种子和材料，尽管该材料的运输符合流通要求。

4. 对苗圃、种子库、种植园和森林产品贮存点进行植物检疫检查，以预防或控制森林虫害或森林病害。

法条索引

1993 年第 99 号法第 1 条及第 31 条

第 246 条 任何拥有、利用、运输、改造、储存或销售森林种子、森林

植被材料或林产品的人必须接受植物检疫。

法条索引

1994年第170号法第1条及第2条

第九部分　关于陆栖动物

第一章　关于野生动物及狩猎

第一节　总　　则

第247条　本节所规定的法律，将被视为保证资源长期利用的重要基础，以保证野生动物的合理利用、支持和保护。

法条索引

1981年第17号法

1989年第84号法第1条、第2条

1994年第165号法第1条、第8条、第9条

2000年第611号法第4条、第5条

2013年第1638号法第1条

1978年第1608号法令第1条至第3条

2005年第4688号法令第1条

2000年第1367号决议，此决议确立了未被列入《濒危野生动植物种国际贸易公约》附录的物种引入和输出获取审批的流程。

2004年第1172号决议，此决议确立了异地条件下的国家野生动物登记及鉴别体系。

2004 年第 1173 号决议，此决议规定了异地条件下国家野生动物鉴别体系中国内登记标记流程。

2002 年第 0767 号决议，此决议确立了野生动物产品商和皮革制品者的管控方式并采取了其他措施。

2010 年第 1772 号决议，此决议确立了关于《濒危野生动植物种国际贸易公约》附录一中被圈养物种的相关贸易，须提前申报贸易期以及在濒危野生动植物种国际贸易公约秘书处进行登记的要求。

2010 年第 2064 号决议，此决议规定了野生或水生动植物物种在预防性抓捕、归还及没收后需要采取的措施。

2012 年第 0494 号决议，此决议规定《猎鹰法》可作为野生动物接近哥伦比亚机场区域、跑道过渡区及飞行器时的处置依据。

第 248 条 在哥伦比亚境内的野生动物，除个人所有的圈养区与猎区内的动物以外，均属于国家财产。

法条索引

1994 年第 165 号法第 15 条

1978 年第 1608 号法令第 6 条、第 7 条

相关判例

1998 年 C－126 号判决，上述宪章第 102 条提及“国家征用权”，与部分私有财产的认可不冲突。法庭应预先判定相关争议规定是否为某些自然资源已经授予私人所有权。若发生此类情况，须考虑该授权与资源的国家所有权不冲突，且应参照宪章第 102 条的授权规定，“领土及其组成部分均归属于国家”。

第二节　关于分类与定义

第 249 条 野生动物是指未经驯化、遗传改变、常规饲养或已恢复野

生状态的动物合集。在水文环境内拥有完整生态圈的鱼类和其他物种除外。

法条索引

1989 年第 84 号法第 29 条

2000 年第 611 号法第 1 条、第 2 条

1978 年第 1608 号法令第 4 条、第 5 条

相关判例

宪法法院 2011 年 T－608 号判决，国家对野生动物的所有权的庭审诉讼，阿尔巴·卡诺·拉蒙起诉卡尔达斯区域自治公司。

国务委员会 1980 年 3 月 13 日判决。

宪法法院 1998 年 C－126－98 号判决，负责法官：亚历杭德罗·马丁内斯·卡巴列罗，1998 年 4 月 1 日。

第 250 条 所有捕获野生动物的行为，无论是致死、截肢或活捉，还是收集动物产品，均被视为狩猎。

法条索引

1989 年第 84 号法第 30 条

2000 年第 611 号法第 3 条

1978 年第 1608 号法令第 30 条至第 33 条、第 54 条至第 56 条

2005 年第 4688 号法令第 1 条

相关判例

国务委员会，1980 年 3 月 13 日判决，A. C. E. 第九十八节，第 171 页。

第 251 条 野生动物及野生动物产物的饲养、捕捉、改造、处理、运输

和交易均被视为捕猎行为。

法条索引

2000 年第 611 号法第 3 条

1978 年第 1608 号法令第 73 条至第 75 条、第 77 条及第 78 条

2005 年第 4688 号法令第 3 条

第 252 条 根据其目的,捕猎行为分为如下几类:

1. 生存类捕猎,即捕猎者并未出于盈利目的,仅是为自己和家庭获取食物。

2. 贸易类捕猎,由自然人或法人实施的,以获取经济利益为目的的行为。

3. 体育类捕猎,仅出于娱乐或锻炼目的,除行为本身并无其他目的。

4. 科学类捕猎,仅出于完成国内的调查研究的目的进行的捕猎。

5. 管控类捕猎,出于控制该物种的数量的目的进行的捕猎,以此在必要情况下维持社会、经济或生态秩序。

6. 发展类捕猎,仅出于获取样本以建立圈养区或猎区的目的。

法条索引

1989 年第 84 号法第 30 条及第 33 条

2000 年第 611 号法第 15 条

1978 年第 1608 号法令第 94 条至第 128 条

第 253 条 若该区域被保护并隔离起来,用于野生动物的保护、研究及管控,这一区域即被认定为动物保护区。

法条索引

1978 年第 1608 号法令第 18 条至第 19 条及第 164 条至第 170 条

第 254 条 出于科学、贸易、工业及繁殖目的，对野生动物物种进行保护、强化及利用的公有区域或私有区域被视为圈养区。

法条索引

2000 年第 611 号法第 3 条至第 27 条

2005 年第 4688 号法令第 16 条

相关判例

宪法法院 2007 年第 T－760 号判决。

第 255 条 若该区域被保护并隔离起来，用于野生动物的保护、研究及管控，则该区域被视作禁猎区。仅在特殊条约规定下允许捕猎部分动物。

法条索引

1978 年第 1608 号法令第 18 条至第 19 条及第 171 条至第 173 条

第 256 条 若该区域是为体育中心设立的野生动物物种的利用、保护、强化区域，则该区域被视为狩猎区。

法条索引

1978 年第 1608 号法令第 156 条至第 163 条

第 257 条 在某一区域针对某一物种的临时性禁捕，被视作休猎。

法条索引

1978 年第 1608 号法令第 22 条至第 24 条

2005 年第 4688 号法令第 14 条及第 15 条

第三节　关于管理职能

第 258 条　公共管理层面上，对野生动物及捕猎的规定如下：

1. 在不影响已获权利或社会利益的条件下，建立并管理野生动物保护、研究及宣传区域。

2. 对野生动物进行分类，确定哪些物种可以进行捕猎，哪些物种需要特殊管控。

3. 推进调查团队对野生动物的研究，使其对该资源有清晰的把控。

4. 坚持对野生动物物种的保护、巩固以及复原。

5. 禁止或限制对于资源保护和发展有危害的野生物种的引入、迁入、培育及繁殖。

6. 利用保护野生动物的技术，对野生动物进行管控。

7. 创建动物园及类似设施、自然历史展览馆以及博物馆，并监管其运作。

8. 施行暂时性、周期性休猎或永久禁猎，确定猎区及其区域内野生动物数量、尺寸及其他特征并根据物种分类判定可以利用的产品。

9. 当判定其出于生态、经济或社会目的时，在不影响已获权利或公共利益的条件下可以直接利用该资源。

10. 授权生存类狩猎产品，在捕猎者及其家庭无法消费的情况下进行售卖。

11. 根据法律法规授权采取的其他措施。

法条索引

1993 年第 99 号法第 5 条及第 31 条

2000 年第 611 号法第 11 条、第 12 条、第 14 条、第 23 条及第 25 条

2000 年第 576 号法第 7 条、第 10 条至第 12 条、第 18 条

相关判例

国务委员会1980年3月13日判决。

宪法法院1998年C-126号判决,负责法官:亚历杭德罗·马丁内斯·卡巴列罗,1998年4月1日。

国务委员会1999年8月12日判决,编号:5500,负责委员:胡安·阿尔伯托·波罗·费格罗阿。

已获权利以及其他获得许可的行政决议。

第259条 除生存类捕猎外,其他捕猎行为均须提前获得许可。贸易类捕猎的许可须获得国家政府审批通过。

法条索引

1989年第84号法第30条

1978年第1608号法令第31条至第33条及第57条

2005年第4688号法令第3条及第4条

第260条 专营野生动物产品初级加工或贸易的公司分类如下:

1. 利用野生动物产品从中获利的公司。

2. 在圈养区或在贸易类捕猎中,利用野生动物物种协助国外企业或实体进行科学研究的公司。

第261条 第260条提及的公司对外出口的行为,仅在获得第259条提及的预先许可之后才可进行。

同时,需要提前说明,第260条第1项提及的产品加工不可在本国国内进行。

此外,法人或自然人,无论国内国外,只要涉及第260条第2项提及的与出口或贸易类、科学研究相关的需求也需要提前提供证明。运出动物的数量、年龄、尺寸数据均须报知主管当局。

第 262 条 贸易类猎捕并未授予捕猎者限制或阻止同样在该区域获得许可的他人捕猎的权利。

法条索引

1989 年第 84 号法第 33 条

1978 年第 1608 号法令第 6 条、第 7 条、第 32 条及第 82 条

第 263 条 从事野生动物物种及产物贸易的自然人或法人,在进行捕猎行为时应携带相关的信息登记证件。

法条索引

2000 年第 611 号法第 23 条

1978 年第 1608 号法令第 83 条及第 84 条

第 264 条 当局规定,武器、弹药及各类装备仅供捕猎目的使用。

法条索引

1978 年第 1608 号法令第 58 条

第四节 禁 止 事 项

第 265 条 禁止:

1. 用点火或引发火灾的方式使动物被包围,被迫逃离或死亡。

2. 除了用作捕获活体动物的方法之外,使用致使野生动物死亡或永久性残疾的炸药、有毒物质、杀虫剂或其他各类化学介质。

3. 使用与某些地区许可不相符合的工具或规范体系。

4. 在禁猎区或禁猎期进行捕猎活动。

5. 捕获、交易禁猎或未达规定尺寸的物种,或交易该类动物产品。

6. 在捕猎过程中使用对环境造成损害的产品或物质。

7. 出于商业目的获取不符合法律规定或无法确认其合法来源的捕猎产物。

8. 使用未获批的产品或流程控制野生动物。

9. 除用于科学研究或已被国家政府批准的情况外，输出活体野生动物。

法条索引

2009 年第 1333 号法第 5 条

2013 年第 1638 号法第 1 条

1978 年第 1608 号法令第 219 条、第 220 条及第 221 条

第十部分　关于水生生物资源

第一章　关于水生动植物以及渔业

第一节　总　　则

第266条　本部分条款旨在确保水生物资源和水环境得以保护、改善和合理利用，并通过生态、经济及社会手段实现其可持续利用及合理管控。

法条索引

1990年第13号法第1条、第51条及第52条

1978年第1681号法令第1条，部分被如下条款废除：1991年第2256号法令第5条和2003年第1300号法令。

第267条　在哥伦比亚陆地境内水域或哥伦比亚拥有管辖权的水域内生存的水生生物资源，包括海域、江河及湖区，均属于国家所有的资源。

上述水生生物资源的个体的开发须根据相关标准进行。

私有水域和圈养区生存的物种不属于国有资源，但仍受本法典和其他现行法律规制。

法条索引

1990 年第 13 号法第 2 条

1978 年第 1681 号法令第 4 条及第 5 条

第 268 条 当悬挂本国或他国国旗的船只由本国人员或机构租用时,其在国家内水和包括经济区在内的海域的捕鱼行为均须遵循本法典及其他相关法律规定。

在管辖区外取得的水生生物及其产物,若随后永久或暂时性引入本国,同样适用本法典及其他相关法律规定。

法条索引

1978 年第 1681 号法令第 6 条

第 269 条 本法典有关陆地植物的规定同样适用于水生植物。

法条索引

1978 年第 1681 号法令第 149 条及第 150 条

第二节 关于分类与定义

第 270 条 生态圈均在水文环境内的动植物及其产物的集合被视为水生生物。

法条索引

1990 年第 13 号法第 7 条

第 271 条 通过捕获、抓取、采集等方式利用任何一种水生生物及其产物的行为被视作捕鱼。

对水生生物资源的加工、封装及买卖均被视作捕鱼的关联活动。

法条索引

1990 年第 13 号法第 3 条

1991 年第 2256 号法令第 12 条、第 25 条至第 30 条

第 272 条 所有水生生物产品养殖、捕获、采集、摘取、加工和封装活动及其贸易均被视为渔业。

法条索引

1990 年第 13 号法第 3 条、第 29 条、第 33 条、第 36 条

第 273 条 根据其目的,渔业分为如下几类:

1. 贸易类渔业,为获取经济利益进行的行为,可以是:

(1)手工类,即由自然人参与的,或由渔业工作者组成的协会和组织利用自有的体系和器械进行的小规模生产活动。

(2)产业类,由自然人或法人通过大中型产业的自有方式和体系开展的活动。

2. 生存类渔业,即出于非营利目的进行的满足自己和家庭食物需求的行为。

3. 科学类渔业,仅出于调查研究目的进行的行为。

4. 体育类渔业,仅出于娱乐或锻炼目的进行的行为。

5. 管控类渔业,出于维护社会、经济或生态秩序的目的,对某些规定的物种进行的行为。

6. 改善类渔业,仅出于获取样本建立或维护水生物种圈养区的目的进行的行为。

法条索引

1974 年第 2811 号法令第 273 条内容替换为 1990 年第 13 号法第 8 条,并在 1991 年第 2256 号法令中进行规范。

1991 年第 2256 号法令第 52 条至第 82 条

第三节 关于管理职能

第274条 公共行政层面上,对渔业的规定如下:

1. 根据水生生物物种及个体确定禁渔期和休渔期。

2. 在国内水域规范渔业活动。

3. 推进海洋及陆地水生生物资源的研究,推动各类调查团队的调查,以实现对资源的恰当管理。

4. 禁止、限制并规范对于资源保护和发展有危害的水生生物物种的引入、移植、培育及繁殖。

5. 向渔业提供技术援助并确定应该获得此类援助的基本权利。

6. 根据技术研究,建立或保留整体管理的特殊区域,用于对水生生物物种的保护、繁殖或饲养。

7. 批准水生生物及其产物的进口、移植和出口,并确定内需和出口的物种种类及数量。

8. 建立生物学研究及其他捕鱼活动的数据管控。

9. 为生计捕鱼或为了捕鱼业者、公共企业或其他个体的利益而进行的物种开发保留专属区域。

10. 促进捕鱼业的经济合理利用和发展与水生生物物种的保护所需的其他活动。

11. 直接开展与捕鱼业相关的活动。

12. 采取法律法规授权的其他措施。

法条索引

1990年第13号法第4条、第12条、第50条及第72条

第四节 关于捕鱼行为

第275条 进行捕鱼活动需要获得许可,生存类捕鱼除外。

法条索引

1990 年第 13 号法第 29 条、第 30 条、第 47 条、第 48 条及第 59 条

第 276 条　在私人水域以及用于水生生物养殖的特批水域，只有水域所有者、特许权所有者或获得上述二者授权的人可以捕鱼。

获得特许方若希望在涉及第三方所有的水域内进行捕鱼，如河道、沟渠和溪流等，只要不对他人造成危害、不对水域造成污染、不改变河道流向、不对河道及其河岸构成损坏，则可以在法律规定范围内进行捕鱼活动。

法条索引

1989 年第 84 号法第 32 条

1990 年第 13 号法第 32 条

第 277 条　与捕鱼相关的各类活动不应干扰航行或水域的自然航道。

法条索引

1991 年第 2256 号法令第 52 条及第 70 条

第 278 条　在从事捕鱼活动时，捕鱼业者有权使用除野生动物繁殖区、国家公园或公共浴区以外的海滩及河滩。

第 279 条　任何情况下，捕鱼许可都未赋予其阻碍或干扰当地居民生存类捕鱼的权利。

法条索引

1991 年第 2256 号法令第 52 条

第 280 条　对于单纯的捕鱼行为，水域的沿岸居民有义务在不对其

造成危害的条件下允许单纯捕鱼行为进入公共水域。

第五节 关于管控与监督

第281条 建立捕鱼行为的常规登记,捕鱼人员、船只及器械均须进行登记。

法条索引

1974年第2811号法令第281条的内容替换为1990年第13号法第56条、第57条的内容。

第六节 关于禁止事项

第282条 禁止通过如下方式进行捕鱼活动:

1. 使用炸药、有毒物质,如毒鱼草、菲奎叶及其他类似物质或其他未经授权的工具,使水生生物物种个体昏迷或死亡。

2. 使用不符合许可规定的器械、抓捕工具和渔网,或将符合标准的器械用在未经许可的区域。

3. 因捕鱼造成河流、湖区、水库或其他各类水域的干涸、水深变化。

法条索引

1974年第2811号法令第282条及第283条的内容替换为1990年第13号法第54条的内容。

第283条 以下行为同样受到禁止:

1. 在休渔区及休渔期进行捕鱼并将所有产物进行转运及交易。

2. 向某一临时性或永久性的水文环境内投掷对水生物种,特别是其哺育的物种造成普遍危害的产品、物质或残渣。

3. 开展明令禁止的活动破坏水生物种作为庇护场所或食物来源的植

被，或改变、破坏水域内的礁石、珊瑚及物种的避难所。

4. 除获得预先许可之外，在抵达哥伦比亚陆域内或在转运之前，对海洋捕鱼的产品进行处置。

5. 在捕鱼船只或运输水生生物产品的船只内携带炸药及有毒物质。

6. 除了法律法规规定的特殊情况之外，捕鱼超过批准的数量，或捕捞比许可要求尺寸更小的水生物种，并将其进行买卖。

7. 其他法律法规规定的禁止行为。

法条索引

1993 年第 99 号法第 61 条 c)款、第 66 条、第 111 条

1997 年第 357 号法

1997 年第 388 号法第 104 条，后在其基础上修改为 2003 年第 810 号法第 2 条，市政处罚条例。

1998 年第 461 号法

2009 年第 1333 号法第 7 条第 7 款，在生态重点特殊保护区进行或省略的行为。

2011 年第 1450 号法第 202 条、第 206 条、第 207 条及第 210 条

1978 年第 1541 号法令第 281 条

2006 年第 1900 号法令第 5 条

2007 年第 3600 号法令第 4 条第 1.4 款

2010 年第 2820 号法令第 10 条

2010 年第 2372 号法令第 29 条

环境部 1995 年第 1602 号决议，决议规定了为哥伦比亚红树林区的可持续性所应采取的措施。

环境部 1996 年第 020 号决议，借此声明了 1995 年 12 月 21 日第 1602 号决议的内容，并颁布了其他条款。

环境部 1997 年第 924 号决议，决议规范了 1995 年第 1602 号决议第 4 条中为研究施行规定的参考术语的含义。

环境部2000年第694号决议,决议通过了部分关于红树林区的划分及研究。

环境部2010年第1082号决议,决议通过了部分关于红树林区的划分及研究。

环境部2002年第721号决议,决议发布了由区域自治及可持续发展联合会提交的关于红树林区域划分的提议及相关研究,并规定了其他措施。

环境、住房和国土开发部2004年第157号决议,决议规定了对于湿地的管控、保护以及可持续使用,并将《拉姆萨公约》提及的方面进一步扩展。

环境、住房和国土开发部2002年第769号决议,决议制定了有关于荒野区的维护、保护及可持续性的措施。

环境、住房和国土开发部2003年第839号决议,决议规范了《荒野区域现状研究》以及《荒野环境管控规划》内的有关参考术语的含义。

环境、住房和国土开发部2006年第196号决议,决议通过了哥伦比亚境内的湿地管控规划的技术指导。

环境、住房和国土开发部2006年第1128号决议,决议修改了2003年第839号决议第10款以及2004年第157号决议第12款的内容,并制定了其他相关条款。

环境、住房和国土开发部2009年第0170号决议,决议规定2009年为哥伦比亚土地年,6月17日为国家土地日,并规定了各项关于境内土地保护的措施。

环境、住房和国土开发部2010年第1090号决议,决议对2002年7月31日第721号决议的内容进行修改,改为2006年4月19日第696号决议及2008年5月28日第857号决议的内容,并制定了其他相关条款。

环境、住房和国土开发部2011年第937号决议,该决议由亚历山大·冯·洪堡生物资源研究院制定,规定了地图表示法比例尺为1:250,000,以用于荒野区生态系统的划分和识别,并制定了其他相关条款。

相关判例

宪法法院1998年4月1日C－126－98号判决宣布1974年第2811号法令具有合宪性，负责法官：阿雷杭德罗·马丁内斯·加帕耶罗。“这仅与需求方承担的职责相关，取决于政府发布自然资源法典时是否超出规定范围进行互动，并取决于该法令遵循的原则和通用规定是否与生态构成原则，公民参与和自治相冲突。”

1997年C－582/97号判决宣布1997年1月21日第357号法作出的声明解释以及1971年2月2日于拉姆萨(伊朗)签署的《国际重要湿地特别是水禽栖息地公约》具有合宪性，负责法官：何塞·格雷格里奥·埃尔南德斯·加林多，1997年11月13日。

宪法法院1996年T－267号判决，负责法官：何塞·格雷格里奥·埃尔南德斯，有关于捕鱼的保护行动：休渔。

第七节　关于处罚

第284条　在不影响其他处罚的情况下，对违反捕鱼条款的行为处以没收产物、捕鱼工具及设备的处罚。若有相关许可，则暂停或取消相关许可。

除了被判定为符合社会或经济秩序的工具之外，任何禁止使用于捕鱼的工具均将被没收。

法条索引

1990年第13号法第6条及第55条

第285条　在无证或使用假证进行运输，以及其他严重违反相关规范的情况下，所捕获的各类水产品将同样被没收。

第二章 关于水产养殖以及渔业扶持

第 286 条 本法典规定，所有采用合理技术，在自然或人工环境内，并通常在管理下养殖水生生物的行为被视为水产养殖。

法条索引

1990 年第 13 号法第 41 条、第 42 条、第 43 条及第 46 条

1991 年第 2256 号法令第 44 条至第 51 条及第 91 条至第 93 条

第 287 条 为改善渔业从业者的经济和社会状况，将鼓励加强组织合作社、社区企业和其他类似协会建设。

法条索引

1990 年第 13 号法第 43 条

第 288 条 国家政府将支持捕鱼活动的财政和经济资源整合。本法典规定以下措施作为激励政策：

1. 以下内容可获得进口免税：

(1)用于开发的船只、渔具、渔网、电子器械以及用于导航、封装的器械。

(2)用于运输、保存和储藏捕获水产的冷藏设备。

(3)用于渔业及相关研究的机器、实验室设备及其他必要的内容。

2. 对在全国所有港口进行的关于导航、灯塔、浮标及码头相关的服务免税。

3. 创立捕鱼业专科院校，以传授捕鱼、导航、船只和器械准备、产品保存的方法，以及所有与加强渔业了解、开发及产业化相关的内容。

4. 组织应向捕鱼业提供技术支持。

法条索引

1990 年第 13 号法第 18 条

第十一部分　关于动植物的卫生防护

第 289 条　为保障农牧业卫生条件，对各类动植物及其产物的进口、引入、生产、加工、运输、储存、贸易、分配、利用均实施严格管控，以达到保护国内动植物的目的。

第 290 条　动植物物种的引入或进口仅可在获得国家政府审批之后进行。

为获得审批，须考虑以下条件：

1. 对自然物种的保护。
2. 对于国家农牧业生产发展和改善的必要性。
3. 移入所在环境后，新物种的反应。
4. 接受新物种进入的环境和本地物种对此的反应。
5. 对于带有潜在危险的物种族群的反应。

法条索引

1978 年第 1608 号法令第 138 条、第 139 条、第 140 条、第 141 条、第 202 条、第 203 条、第 204 条、第 205 条、第 206 条及第 207 条

第 291 条　通过基因资源的使用获得的杂交品种或新物种，其引入、生产、贩卖或零售均须获得特殊批准。

法条索引

卡塔赫纳协定委员会关于基因资源准入的第391条决定

第292条 国家政府应采取必要的卫生措施，以避免动植物疾病的引入或传播。

第293条 向国内引入或进口动植物材料或存在潜在危险的药剂需要至少满足以下条件：

1. 拥有合法签发的许可。
2. 近期由来源国签发并经当地哥伦比亚领事审阅的卫生证明。
3. 卫生部门完成的检验、检查。
4. 国家机关在确认其卫生情况或完成满足要求的处置或观察后出具的证明。
5. 证明该动植物材料在国内进行再生产的质量及纯正的文件。

法条索引

1978年第1608号法令第138条、第139条、第140条、第141条、第202条、第203条、第204条、第205条、第206条及第207条

第294条 为确保国内农牧业的卫生情况，应建立边境卫生管控区，即在边境区域根据技术概念确立相应的安全区。

除上述已作出规定外的区域，还可采取其他特殊法律规定。

法条索引

1994年第170号法第1条及第2条

第295条 国家政府应组织流行病监管系统，用于发现、预防及打击相关危险。

第 296 条 当灾害或疾病发生或形成威胁时,政府可以根据情况的严重程度,宣布该地区进入卫生紧急状态,以控制灾害或疾病。

在紧急状态下或不在紧急状态,但已采取必要的特殊措施时,政府可以采取以下做法:

1. 控制区域内进出。
2. 受监督的观测。
3. 消除被感染产品。
4. 用于根除灾害或疾病的其他必要预防措施。

第 297 条 当局及个人都需要参与到管控和监察的工作中。

所有人均有义务就近向当局通报影响动植物的灾害或疾病的出现,并及时告知当地卫生部门的同时,根据情况采取紧急措施。

法条索引

1993 年第 99 号法第 1 条第 2 款、第 3 款、第 4 款、第 9 款、第 10 款、第 12 款及第 69 款

第 298 条 国家政府有权下令消灭任一感染疾病的动植物物种,以防对动植物整体造成威胁。

法条索引

2009 年第 1333 号法第 33 条、第 40 条、第 50 条、第 51 条、第 52 条及第 53 条

第 299 条 国家政府应说明动植物物种及其产品和衍生物的国内消费或出口应当遵守的要求。

法条索引

1993 年第 99 号法第 1 条、第 2 条及第 5 条

第 300 条 所有动植物类用途的进口、生产、贸易、运输、储存及产品应用均须受到管控并申请许可。

法条索引

1978 年第 1608 号法令第 1 条、第 202 条至第 207 条、第 220 条

1978 年第 1681 号法令第 122 条

第 301 条 政府将制定授精方法和基因改造的使用要求和条件。

法条索引

1993 年第 99 号法第 1 条、第 2 条及第 5 条

卡塔赫纳协定委员会关于基因资源准入的第 391 条决定

第十二部分　关于景观资源及其保护

第 302 条　公民有权欣赏能增进其身心福祉的城市及乡村景观。这些景观被定义为需要被保护的景观。

法条索引

1993 年第 99 号法第 1 条

1994 年第 165 号法第 2 条、第 8 条及第 10 条

1994 年第 140 号法第 1 条、第 2 条及第 3 条

1997 年第 388 号法第 10 条

1978 年第 1715 号法令第 1 条及第 2 条

2007 年第 3600 号法令第 1 条

2012 年第 1640 号法令第 3 条

相关判例

宪法法院 1998 年 C－064 号判决，对 1994 年第 140 号法作出解释声明。

国务委员会，第一分部，1996 年第 1785 号诉讼。

国务委员会 1996 年第 8616 号诉讼：景观保护区——矿业限制区域。

第 303 条　为保护景观资源，政府作出如下规定：

1. 判定不可进行工程建设的区域或地点。

2. 在有保护价值的景观区域内，禁止砍伐或播种或对其环境进行改动。

3. 确定地区内的建筑高度限制或决定风格，以保证美学上或历史上的一致性。

4. 根据法律法规规定采取的其他必要措施。

法条索引

1997 年第 388 号法第 10 条

1978 年第 1715 号法令第 2 条、第 3 条及第 4 条

第 304 条　在工程建设过程中，负责开发的个人或单位，无论公共或私有，都应尽力维护工程与景观整体结构的和谐一致。

法条索引

1978 年第 1715 号法令第 2 条、第 3 条及第 4 条

第十三部分　关于可再生自然资源的管理模式

第一章　关于治安权利

第一节　关于公务员

第 305 条　相关官员应支持本法典各项条款以及其他该领域内法律规定的履行，并颁布必要规章以保护可再生自然资源及环境。

法条索引

1993 年第 99 号法第 1 条、第 31 条、第 64 条及第 65 条

2009 年第 1333 号法第 1 条及第 2 条

2010 年第 3678 号法令第 1 条及第 2 条

2010 年第 0415 号决议，决议对《环境类违法单独登记》作出了规定。

2010 年第 2064 号决议，决议规定了关于陆地及水生野生动植物物种的没收、替代、预防性逮捕的后续措施，并制定了其他相关条款。

2010 年第 2086 号决议，决议确定采取 2009 年第 133 号法第 40 条第 1 款规定的罚款定价作为处罚方式。

相关判例

最高法院1992年4月21日关于警察权力、职能及活动的判决，案卷号:893。

第306条 对于火灾、洪水、污染或其他危害可再生自然资源及环境的类似事件，都应在危险情况持续期间采取必要措施，以避免、抑制或遏制造成的危害。

法条索引

2012年第1523号法第1条、第2条、第8条及第31条

1997年第2340号法令第1条、第2条及第3条

第二节 关于公共力量的合作

第307条 国家公安部门的所有成员均永久参与到各类措施中，以控制、预防或抑制任何有悖于可再生自然资源和环境之防卫、保护、维护及利用的违法行为，并参与协调不同社会组织针对上述防卫保护的活动。

法条索引

1993年第99号法第101条及第103条

2009年第1333号法第2条

第二章 关于特殊管理区

第一节 总 则

第308条 被划定用于可再生自然资源及环境的保护、控制及管理的区域被视为是特殊管理区。

法条索引

1991 年第 21 号法

1993 年第 70 号法第 4 条

1993 年第 99 号法第 1 条

1994 年第 165 号法第 1 条、第 6 条、第 8 条及第 10 条

2011 年第 1450 号法第 202 条、第 203 条、第 204 条及第 206 条

1977 年第 622 号法令(全文)

2010 年第 2372 号法令第 1 条、第 2 条、第 3 条及第 10 条

2012 年第 1640 号法令(全文)

第 309 条 特殊管理区的建立须有其明确意图,并且是在生态和社会经济方面研究的基础上建立的。

法条索引

1993 年第 99 号法第 1 条、第 5 条第 18 款、第 31 条第 1 款

1994 年第 165 号法第 2 条及第 6 条

1997 年第 388 号法第 10 条

2001 年第 685 号法第 34 条

1977 年第 622 号法令第 6 条、第 7 条、第 8 条、第 9 条、第 10 条及第 11 条

2007 年第 3600 号法令第 4 条

2010 年第 2372 号法令第 4 条、第 6 条、第 7 条、第 10 条、第 38 条、第 39 条、第 40 条、第 41 条及第 44 条

2012 年第 1640 号法令第 19 条至第 22 条及第 24 条至第 37 条

相关判例

宪法法院 C－519－94 号判决宣布 1994 年

第 165 号法具有合宪性,负责法官:弗拉迪米罗・纳兰霍・梅萨,1994 年 11 月 21 日。

第二节　关于综合管理区及休闲区

第 310 条　考虑到环境或社会经济因素,可建立可再生自然资源综合管理区,作为资源合理利用的示范区。

区域内仅允许休闲类、教育类、研究类活动以及有限的经济类活动。

法条索引

2006 年第 2855 号法令

2010 年第 2372 号法令第 10 条、第 14 条、第 34 条至第 42 条及第 47 条至第 49 条

相关判例

国务委员会,咨询及民事法庭,编号:1306,负责委员:路易斯·卡米洛·奥所料·伊撒扎,波哥大,2000 年 11 月 16 日,原告:环境部长,涉及可再生自然资源的整体管理区。关于区域建立的过程及其整体管理计划。

第 311 条　应建立主要用于休闲和体育活动的城市及乡村休闲区。

法条索引

2010 年第 2372 号法令第 10 条、第 15 条、第 34 条至第 42 条及第 47 条至第 49 条

2010 年第 2820 号法令第 8 条

第三节 关于水文流域

第一小节 管理职能及相关定义

第 312 条 与其他一条或几条自然河道共同形成水域网络的，其连续或间续的地表或地下水源被视为流域水源，最终会汇入主要径流，可能进入主河道、自然贮水区、水库或直接入海。

各流域将根据水流分水岭进行划分。

法条索引

1993 年第 99 号法第 5 条第 12 款、第 31 条第 18 款、第 33 条第 3 段、第 49 条、第 50 条、第 52 条第 11 款

1998 年第 461 号法第 4 条

1994 年第 1933 号法令第 2 条

1996 年第 1791 号法令第 12 条 d 款及第 15 条

2007 年第 3600 号法令第 4 条

2011 年第 3570 号法令第 18 条第 3 款

第 313 条 当流域内地下水的分界线与分水岭不相符合时，其在地下范围的分界将在地表分水岭基线上延伸，直至划分的地下区域的水源汇入地表划分的水域。

第 314 条 在公共管理层面，作出如下规定：

1. 重视水域流域的保护，以防抗对其造成影响和破坏的因素，特别是造成水域及土地的污染、沉积及盐碱化的因素。

2. 减少水资源浪费并保证区域内水资源的良好利用。

3. 预防土壤侵蚀并控制及减少因土壤侵蚀带来的危害。

4. 协调推进管辖水域内可再生自然资源的合理利用，给公民带来福利。

5. 维护并改善生态条件及水资源状况，保护水文生态系统并防范富营养化。

6. 优先考虑排水、引流及沟渠的建造和运行，并在缺乏私人参与时推动相应工程的建造。

7. 授权流域内河道的改道。

8. 根据环境及社会经济因素，规定项目设立的优先程度和水资源利用及河道管控计划实施的优先程度。

9. 组织地表水、地下水及气象水的综合使用。

10. 推动各类流域保护协会的活动。

11. 根据法律法规采取其他措施。

第 315 条 当转移水资源或利用从中获得的服务，如向其他流域提供水电时，须提前获得授权。

第二小节 关于流域管理

第 316 条 对土壤、水资源及动植物协调利用的规划，以及流域内工程的建设及处理均被视作流域管理。

法条索引

2011 年第 1450 号法第 212 条

2012 年第 1640 号法令

2013 年第 509 号决议

2013 年第 1907 号决议

第 317 条 对于管控管理计划的制定，应询问使用流域内资源的群众以及在该区域开展活动的公共或私人实体。

法条索引

2011 年第 1450 号法第 212 条

2012 年第 1640 号法令

第 318 条 若该流域满足要求的生态、经济及社会条件，则政府将该流域纳入管理范围。

法条索引

2011 年第 1450 号法第 212 条

2012 年第 1640 号法令

第 319 条 在某一地区开展活动的公共实体必须遵守该地区流域的管控及治理计划。

法条索引

2011 年第 1450 号法第 212 条

2012 年第 1640 号法令

第 320 条 对于不同意将自身的开发活动按计划要求进行修改的个体，根据本法典和其他现行法律的规定，将对其使用限制或必要的地役，以达到上述目的。

第 321 条 对于受流域管控及治理计划限定的水域，基础设施工程的建设和运营以及通常对于自然资源的直接或间接利用都须遵循相应计划的规定。

法条索引

2011 年第 1450 号法第 212 条

2012 年第 1640 号法令

第三小节 关于管理规划的融资

第 322 条 土地所有者，无论是自然人或法人，还是公共或私人所有，只要直接或间接因水域管理工程或项目获益，都有义务根据法律规定支付与所得利益成比例的费用。

法条索引

2012 年第 1640 号法令

2010 年第 2820 号法令

2006 年第 1900 号法令

第四小节　使用者的协作

第 323 条　负责水库、水力发电站、水渠及灌溉区的公立与私立组织，以及使用者均有义务通过书面或口头方式告知所了解的信息，以便管控和治理计划的实施。

法条索引

2011 年第 1450 号法第 212 条

2012 年第 1640 号法令

第四节　关于土地保护区

第 324 条　为了恢复变质或退化的土壤，或防止在根据其物理或气候条件或其效用级别被视为特别脆弱的地区引起土壤变质或退化的现象，划定特殊管理的区域。该区域被视为土地保护区。

法条索引

1993 年第 99 号法第 31 条第 16 款

2010 年第 2372 号法令第 10 条、第 16 条、第 34 条至第 42 条及第 47 条至第 49 条

2011 年第 3570 号法令第 2 条第 14 款

第 325 条 公共管理行使以下职能：

1. 建立、管理并规范土地保护区。

2. 制定土地保护区的恢复和管理计划并确保其正确执行。

3. 协调上述区域技术及资金支持计划的执行。

4. 参与到区域内进行的活动中，特别是自然资源利用的活动以及为了避免与保护区建立初衷相悖的工程建设活动。

5. 根据法律法规所采取的其他措施。

法条索引

2010 年第 2372 号法令第 10 条、第 16 条、第 34 条至第 42 条及第 47 条至第 49 条

第 326 条 土地保护区内土地的所有者有义务采取措施并执行且维护在恢复和管理计划内的工程。

法条索引

2010 年第 2372 号法令第 10 条、第 16 条、第 34 条至第 42 条及第 47 条至第 49 条

第五节 关于国家公园体系

第一小节 一体化及其目的

第 327 条 对国家遗产具有特殊价值的一系列区域被称为国家公园体系，为了国家居民的利益，并由于其自然、文化或历史特征，这一系列区域都得到保护并包含在下文列出的任一类别中。

法条索引

1993 年第 99 号法第 5 条第 18 款、第 27 款，第 31 条第 15 款、第 16 款

1997 年第 388 号法第 10 条

2009 年第 1333 号法第 7 条

1977 年第 622 号法令

1996 年第 1791 号法令第 12 条 c）项、第 15 条 b）项

2010 年第 2372 号法令第 10 条、第 11 条、第 34 条至第 42 条、第 47 条至第 49 条

2010 年第 2820 号法令第 8 条第 12 款、第 9 条第 20 款

2011 年第 3570 号法令第 2 条第 14 款

相关判例

1997 年 C－649－97 号判决宣布 1993 年第 99 号法第 5 条第 18 款"并减除"的表述不具有合宪性，负责法官：安东尼奥·巴雷拉·卡尔波奈尔，1997 年 12 月 3 日。

2012 年 C－746/12 号判决宣布 1993 年第 99 号法第 52 条第 9 款内容具有合宪性，负责法官：路易斯·吉耶尔莫·奎雷罗·佩雷斯，2012 年 9 月 26 日。

2010 年 C－598 号判决宣布 1993 年第 99 号法第 31 条第 16 款中"或减除"的表述不具有合宪性，"区域性质的国家公园"的表述具有合宪性，负责法官：毛里西奥·冈萨雷斯·奎沃，2010 年 7 月 27 日。

第 328 条　国家公园体系的主要作用在于：

1. 保护具有极高价值的动植物资源以及景观或历史、文化、考古遗迹，基于整体规划和生态原则，为其提供特别的管理体制，以维持其不受破坏。

2. 保证生物物种样本、自然地理区域、生物地理单元、基因资源以及濒临灭绝的野生物种处于自然状态，并：

（1）提供用于科学调查、普通研究以及环境教育的环境参照点。

（2）维护生物多样性。

（3）保证生态稳定性。

(4)保护自然、文化、历史以及其他涉及国际利益的现象的样本,为人类共同遗产的保护作出贡献。

法条索引

1993 年第 99 号法第 5 条第 18 款、第 27 款,第 31 条第 15 款、第 16 款

1977 年第 622 号法令

1996 年第 1791 号法令第 12 条 c)项及第 15 条 b)项

2010 年第 2372 号法令第 10 条、第 11 条、第 34 条至第 42 条及第 47 条至第 49 条

2010 年第 2820 号法令第 8 条第 12 款及第 9 条第 20 款

相关判例

1997 年 C-649-97 号判决宣布 1993 年第 99 号法第 5 条第 18 款“并减除”的表述不具有合宪性,负责法官:安东尼奥·巴雷拉·卡尔波奈尔,1997 年 12 月 3 日。

2012 年 C-746/12 号判决宣布 1993 年第 99 号法第 52 条第 9 款内容具有合宪性,负责法官:路易斯·吉耶尔莫·奎雷罗·佩雷斯,2012 年 9 月 26 日。

2010 年 C-598 号判决宣布 1993 年第 99 号法第 31 条第 16 款中“或减除”的表述不具有合宪性,“区域性质的国家公园”的表述具有合宪性,负责法官:毛里西奥·冈萨雷斯·奎沃,2010 年 7 月 27 日。

第 329 条 国家公园体系包含下列区域类型:

1. 国家公园:可以进行生态自我调节的广阔区域。区域内生态系统通常未因开发或人类定居而被大幅破坏,且当地的动植物物种、地貌群以及历史或文化的特征均具有全国性的科学、教育、美学以及休闲价值。为保护该地区,需要有合理的管理体制。

2. 自然保护区:存在植物群、动物群及地理的原始条件的区域。设立

目的在于对其丰富的自然资源进行保护、调查和研究。

3. 特别自然区:拥有自然环境内罕见的植被或地理条件的区域。

4. 植被保护区:用于保护植被群或植被种类的地区,以保护国家植物物种的基因资源。

5. 动物保护区:用于保护动物群或动物物种的地区,以保护国家动物物种的基因资源。

6. 公路公园:包含公路且拥有独特景观或文化或自然价值的带状区域,满足教育及休闲目的。

法条索引

1977 年第 622 号法令

2010 年第 2372 号法令

第 330 条　根据第 329 条第 1 项至第 5 项的国家公园体系中各个区域的情况,划定边界缓冲区,以此削弱人类活动可能造成的干扰。

在以上区域内可以对所有权施加限制条件。

法条索引

1993 年第 99 号法第 5 条第 18 款、第 27 款及第 31 条第 16 款

1997 年第 388 号法第 10 条

2009 年第 1333 号法第 7 条

1977 年第 622 号法令

2010 年第 2372 号法令第 10 条、第 11 条、第 34 条至第 42 条及第 47 条至第 49 条

2010 年第 2820 号法令第 8 条第 12 款及第 9 条第 20 款

2011 年第 3570 号法令第 2 条第 14 款

2011 年第 3573 号法令

相关判例

1997 年 C－649－97 号判决宣布 1993 年第 99 号法第 5 条第 18 款“并减除”的表述不具有合宪性，负责法官：安东尼奥·巴雷拉·卡尔波奈尔，1997 年 12 月 3 日。

2012 年 C－746/12 号判决宣布 1993 年第 99 号法第 52 条第 9 款内容具有合宪性，负责法官：路易斯·吉耶尔莫·奎雷罗·佩雷斯，2012 年 9 月 26 日。

2010 年 C－598 号判决宣布 1993 年第 99 号法第 31 条第 16 款中“或减除”的表述不具有合宪性，“区域性质的国家公园”的表述具有合宪性，负责法官：毛里西奥·冈萨雷斯·奎沃，2010 年 7 月 27 日。

第二小节 关于管理与用途

第 331 条 允许在国家公园体系内开展以下活动：

1. 国家公园内的保护活动、恢复与管控活动，调研、教育、休闲及文化活动。
2. 自然保护区内的保护、调查及教育活动。
3. 特别自然区内的环保、调查及教育活动。
4. 植被保护区及动物保护区内的保护、恢复与管控活动及调研与教育活动。
5. 在公路公园区域的保护、教育、文化及休闲活动。

法条索引

1977 年第 622 号法令

2010 年第 2372 号法令第 10 条、第 11 条、第 34 条至第 42 条及第 47 条至第 49 条

2010 年第 2820 号法令第 8 条第 12 款及第 9 条第 20 款

2011 年第 3572 号法令

第 332 条 在国家公园体系内可以进行的活动定义如下：

1. 保护活动:指有助于维护可再生资源的自身状态、景观秀丽并加强生态系统内生态平衡的活动。

2. 调查活动: 指加深对于生态系统以及考古和文化方面认知的活动,以将其运用于国家自然及历史价值的管理和使用。

3. 教育活动:指被许可用于教授与现存价值的管理、利用及保护相关知识的活动,以及用于提升对国家历史自然资源财富及对该类资源保护必要性的了解活动。

4. 休闲活动:指允许参观者进入国家公园体系内的区域进行的消遣活动。

5. 文化活动:指旨在提升对于区域自身价值了解的活动。

6. 恢复及管控活动:指用于部分或完全恢复生态系统或积累相关的材料及元素的活动、研究和调查。

法条索引

1977 年第 622 号法令

2010 年第 2372 号法令第 10 条、第 11 条、第 34 条至第 42 条及第 47 条至第 49 条

2010 年第 2820 号法令第 8 条第 12 款及第 9 条第 20 款

第 333 条　构成国家公园体系的区域只能根据与体系内类别相对应的名称来命名。

第三小节　关于管理职能

第 334 条　保护并界定国家公园体系的区域属于管理职能,尽管先前已因其他目的对该区域进行保护。

同样管理部门也应履行其对于体系的保护、维护、发展以及规范的职能。

法条索引

1993 年第 99 号法第 5 条第 18 款、第 27 款，第 31 条第 16 款

1997 年第 388 号法第 10 条

2009 年第 1333 号法第 7 条

1977 年第 622 号法令

2010 年第 2372 号法令第 10 条、第 11 条、第 34 条至第 42 条及第 47 条至第 49 条

2010 年第 2820 号法令第 8 条第 12 款及第 9 条第 20 款

2011 年第 3570 号法令第 2 条第 14 款

2011 年第 3573 号法令

相关判例

1997 年 C－649－97 号判决宣布 1993 年第 99 号法第 5 条第 18 款“并减除”的表述不具有合宪性，负责法官：安东尼奥·巴雷拉·卡尔波奈尔，1997 年 12 月 3 日。

2012 年 C－746/12 号判决宣布 1993 年第 99 号法第 52 条第 9 款内容具有合宪性，负责法官：路易斯·吉耶尔莫·奎雷罗·佩雷斯，2012 年 9 月 26 日。

2010 年 C－598 号判决宣布 1993 年第 99 号法第 31 条第 16 款中“或减除”的表述不具有合宪性，“区域性质的国家公园”的表述具有合宪性，负责法官：毛里西奥·冈萨雷斯·奎沃，2010 年 7 月 27 日。

第 335 条 当需要将私人所有的土地或遗产纳入国家公园体系中，可以依法判决此类征用。

法条索引

1993 年第 99 号法第 5 条第 27 款

2011 年第 3573 号法第 2 条第 8 款

第四小节 禁 止 事 项

第336条 在属于国家公园体系的地区,禁止以下行为:

1. 外来动植物物种的引入或移植。

2. 倾倒、引入、分流、使用或丢弃可能扰乱或危害生态系统的有毒物质或污染物。

3. 除在授权工程中使用炸药外,使用任何化学易残留或易爆炸物质。

4. 其他根据法律法规被禁止的行为。

法条索引

1993年第99号法第5条第18款、第27款,第31条第16款

1997年第388号法第10条

2009年第1333号法第7条

1977年第622号法令

1996年第1791号法令第12条c)项及第15条b)项

2010年第2372号法令第10条、第11条、第34条至第42条及第47条至第49条

2010年第2820号法令第8条第12款及第9条第20款

2011年第3570号法令第2条第14款

相关判例

1997年C-649-97号判决宣布1993年第99号法第5条第18款"并减除"的表述不具有合宪性,负责法官:安东尼奥·巴雷拉·卡尔波奈尔,1997年12月3日。

2012年C-746/12号判决宣布1993年第99号法第52条第9款内容具有合宪性,负责法官:路易斯·吉耶尔莫·奎雷罗·佩雷斯,2012年9月26日。

2010年C-598号判决宣布1993年第99号法第31条第16款中"或减除"的表述不具有合宪性,"区域性质的国家公园"的表述具有合

宪性,负责法官:毛里西奥·冈萨雷斯·奎沃,2010年7月27日。

第三章 关于资源使用者组织以及环境保护协会

第337条 推动可再生自然资源使用者协会和环境保护协会的建立和运行。

环境保护协会将涵盖自然资源的使用者以及区域内非资源使用者的居民。

本条提及的各类协会可以根据法律获批承认其法人身份。

法条索引

1993年第99号法第5条第28款

第338条 可为缺乏经济来源的个人组建联合企业,对可再生自然资源进行利用并执行本法典规定的相关活动。

第一节 关于处罚

第339条 对违反可再生自然资源管理及使用规定的行为,须处以本法典规定的处罚,未在本法典中专门规定的,则执行此方面相关的现行法律法规所规定的处罚。

法条索引

1993年第99号法第31条第17款

2009年第1333号法

2010年第3678号法令

2010年第415号决议

2010 年第 2064 号决议

2010 年第 2086 号决议

相关判例

2009 年 C－196/09 号判决，针对总统对参议院 2006 年第 092 号、众议院 2008 年第 238 号法案中“以此规范环境类处罚流程并采取其他措施”的反对意见进行声明解释，负责法官：克拉拉·艾蕾娜·雷亚尔斯·古铁雷斯，2009 年 3 月 25 日。

2010 年 C－401/10 号判决，宪法法院对有关 2009 年第 1333 号法中第 10 条之违宪性的诉讼进行审判，宣布“经审议，2009 年第 1333 条法律第 10 条具有合宪性”，负责法官：加布里埃·爱德华多·门多萨·马尔德罗，2010 年 5 月 26 日。

2010 年 C－595/10 号判决，宪法法院对有关 2009 年第 1333 号法中第 1 条及第 5 条第 1 段，即“以此规范环境类处罚流程并采取其他措施”之违宪性的诉讼进行审判，宣布“经审议，2009 年第 1333 号法中第 1 条及第 5 条第 1 段内容具有合宪性”，负责法官：豪尔赫·伊万·帕莱西奥·帕莱西奥，2010 年 7 月 27 日。

2010 年 C－596/10 号判决，宪法法院对有关 2009 年第 1333 号法中第 1 条及第 5 条第 1 段内容，即“以此规范环境类处罚流程并采取其他措施”之违宪性的诉讼进行审判，根据 2010 年 C－595 号判决中关于同一问题的结论进行判决，负责法官：毛里西奥·冈萨雷斯·奎沃，2010 年 7 月 27 日。

2010 年 C－703/10 号判决，宪法法院对有关 2009 年第 1333 号法中第 32 条（部分）、第 36 条（部分）、第 38 条、第 39 条、第 40 条（部分）、第 43 条至第 49 条的内容中“以此规范环境类处罚流程并采取其他措施”之违宪性的诉讼进行审判，负责法官：加布里埃·爱德华多·门多萨·马尔德罗，2010 年 9 月 6 日。

2010 年 C－742/10 号判决，宪法法院对有关 2009 年第 1333 号法中第 1 条、第 3 条、第 5 条、第 8 条、第 23 条、第 24 条、第 25 条、第 27 条、

第33条及第37条(部分)的内容中“以此规范环境类处罚流程并采取其他措施”之违宪性的诉讼进行审判,负责法官:豪尔赫·伊格纳西奥·普雷的特·查胡,2010年9月15日。

2010年C-1007/10号判决,宪法法院对有关2009年第1333号法中第1条及第5条第1段内容,即“以此规范环境类处罚流程并采取其他措施”之违宪性的诉讼进行审判,根据2010年C-595号判决中关于同一问题的结论进行判决,负责法官:胡贝尔托·安东尼奥·西埃拉·波尔图,2010年12月6日。

2011年C-632/11号判决,宪法法院就有关2009年第1333号法中第31条及第40条(部分)的内容中“以此规范环境类处罚流程并采取其他措施”之违宪性的诉讼进行审判,宣布“经审议,2009年第1333条法律第31条第一段落以及第40条第1段和第2段具有合宪性”,负责法官:加布里埃·爱德华多·门多萨·马尔德罗,2011年8月24日。

国务委员会,行政诉讼法庭,一处,2012年3月15日判决,编号:11001032400020110033000,负责委员:玛利亚·克劳迪娅·罗哈斯·拉索。该判决判定2010年第3678号法令第11条无效,并暂时中止该条款。

第二节 本法典的时效

第340条 本法典自颁布之日起生效。

法条索引

1993年第99号法第42条有关于报酬比率以及赔偿比率的条款,替代1974年第2811号法令中第18条的原有内容;第62条有关于撤销或中止环境执照的条款,替代1974年第2811号法令中第18条、第27条、第28条及第29条中的原有内容;第118条有关于时效的条款,本法律自颁布之日起生效,并同时废除与法律内条款相违背的法律,特别是1981年第56号法第12条,1974年第2811号法令第18条、第27条、第28条及第29条,以及1993年第47号法第23条的内容。

专业术语对照表

西班牙文	中文
A	
acuicultura	水产养殖
adiestramiento	引导
adquisición de tierras	土地征用
aguas negras	污水
aguas no marítimas	非海洋水域
aguas privadas	私有水域
alcantarillado	下水道
alta mar	公海,国际水域
ambiente marino	海洋环境
aprovechamiento forestal	森林开发
arborización ornamental	观赏性绿化
área de recreación	休闲区
área de reserva forestal	森林保护区
atmósfera	大气
apremio	强制措施
B	
baldío	荒地,未开垦土地
beneficio común	共同利益
bosques naturales	天然林,自然林
bosques artificiales	人造林

续表

西班牙文	中文
C	
cartográfica	地图绘制
censo	普查
ciénaga	泥塘
código	法典
concesión	特许
concesionario	特许权所有者
Consejo de Estado	国务委员会
contaminación	污染
Constitución Nacional	宪法
Constitución Política	宪法
corrección de aguas	水质软化
corriente marina	洋流
Corte Constitucional	宪法法院
CorteSuprema de Justicia	最高法院
cotos de caza	猎区
cuencas hidrográficas	流域
D	
decomiso	没收
decreto	法令
derecho de terceros	第三方的权利
derogar	废除
desagüe	排水
desarrollo equilibrado urbano y rural	城乡均衡发展
desechos	废料
desperdicios	废弃物

续表

西班牙文	中文
disposiciones generales	总则
distritos de riego	灌溉区
divulgación	宣传
dominio público	公共领域
E	
edafológica	土壤信息
energía cinética	动能
energía eléctrica	电能
energía eólica	风能
energía hidráulica	水力资源
energía solar	太阳能
epidemiológico	流行病学的
escapes gaseosos	气体泄漏
escoriales de minas	矿渣场
estaciones de muestreo	取样站
eutroficación	水体富营养化
exequible	(法条)具有合宪性
explotaciones mineras a cielo abierto	露天采矿
F	
facultades	职权,职能
fauna	动物群
fauna terrestre	陆地动物
flora	植物群
flora silvestre	野生植物
floraterrestre	陆地植物
fuerza mayor	不可抗力

续表

西班牙文	中文
H	
hidrogeológico	水文地质的
hidrológico	水文的
hidrometeorológico	水文气候的
I	
incentivos económicos	经济鼓励政策
inventario forestal	森林清查
J	
jurisdicción territorial	领土管辖权
jurisprudencia	判例,案例
L	
lecho	河床
ley	法律
loContencioso Administrativo	行政诉讼
M	
manejo especial	特殊管控
mar territorial	领海
marea	潮汐
modificaciones genéticas	基因改造
mutilar	截肢
P	
pantano	沼泽
patrimonio común	公共财产,共同财富
particular	个人,私人
persona jurídica	法人
persona natural	自然人

续表

西班牙文	中文
pertrecho	弹药
plataforma continental	大陆架
poderes policivos	治安权利
predio	土地
productos primarios	初级产品
productos secundarios	副产品
prioridades	优先级,优先事项
propiedad	权属,所有权
R	
radioactivas	放射性物质
recursos del paisaje natural	自然景观资源
recursos energéticos primarios	一次能源资源
recursos geotérmicos	地热资源
recursos hidrobiológicos	水生生物资源
recursos naturales no renovables	不可再生自然资源
recursos naturales renovables	可再生自然资源
recursos minerales marinos y submarinos	海洋及海底矿产资源
reforestación	植被再造
rehabilitación	改迁
repoblación	繁殖
representación cartográfica	地图标记
reserva de caza	禁猎区
resolución	决议
S	
salinización	盐碱化
sanción	处罚

续表

西班牙文	中文
sedimentación	沉积
sentencia	判决
servidumbre	地役
soberanía nacional	国家主权
T	
tasas retributivas	征收费用
territorio fáunico	动物保护区
U	
unidades biogeográficas	生物地理单元
utilidad pública	社会用途
V	
valorización	估价
veda de caza	休猎
Z	
zona económica	经济区
zonificación	区域划分
zoocriadero	圈养区